우리 교육의 미래

진짜 교육열로 승부하라

이종각 · 김주후

태영출판사

머리말

"우리나라 사람은 교육열이 높다", "과잉 교육열 때문에 다 이런 입시지옥을 겪는 거야", "교육열 때문에 조기교육이다, 기러기 아빠다, 이런 것들 다 나오는 거야" 등등 교육열은 단골메뉴이자 약방의 감초처럼 등장한다. 이처럼 한국에서 교육에 대한 이야기가 나오면 빠지지 않고 등장하는 말이 바로 교육열이다. 교육열은 한국인들이 교육과 관련해서 보여주는 생각과 행동을 설명해 주는 것처럼 보인다. 그러나 너무나 우리 귀에 익숙한 이 교육열이라는 말이 정말 한국인의 교육을 잘 설명해 주는 것일까? 나아가서 우리에게 진짜 교육열이라는 것이 있고 또 높은 것일까?

한국인의 교육열을 잘 대변해 주는 일례를 여러 해 전에 개봉되었던 영화 〈우아한 세계〉에서 찾아볼 수 있다. 이 영화에서 주인공으로 나오는 배우 송강호는 직업이 조폭이다. 그런데 나이가 점점 들면서 예전처럼 주먹 쓰기도 쉽지 않은 주인공은 이런 저런 고민 끝에 아이들의 조기유학을 결정한다. 그리고는 성실한(?) 조폭으로 열심히 주먹질해서 번 돈으로 아내와 아이들을 해외로 보낸다. 결국 조폭마저 기러기 아빠가 되는 상황인데 교육열은 조폭이라고 해서 지나쳐 가는 것이 아닌 모양이다.

그런가 하면 뉴욕타임스에 "Mother's Love Becomes Obsession

for Some South Koreans"라는 제목의 기사가 실렸다. 우리나라의 언론에서는 "김연아 성공은 어머니의 힘"으로 번역되어 알려진 이 기사는 세계피겨선수권대회 1위를 획득한 김연아 선수의 성공과 관련하여 김연아 선수의 어머니를 조명하였다. "나는 김연아를 전공했다. 연아 때문에 학교 다닐 때보다 더 열심히 공부해야 했다"며 자식을 전공했다고 김연아의 어머니는 말한다. 그러면서 이 기사는 한국의 교육에 대해서 다음과 같이 언급하고 있다. "이런 열정과 헌신은 오로지 한국사회에서만 찾아볼 수 있는 현상 중 하나로 한국 부모들의 자식사랑 내지는 교육열은 거의 강박관념 수준이다."

이쯤 되면 정말 교육의 열기, 열의, 열정 수준에서 교육열이 논의되고 있는 것으로 비친다. 좋게 말해서 교육열이지 나쁘게 보면 교육에 대한 과열 내지는 광기 같은 개념이다. 특히, 교육의 부정적인 측면과 연계해서 교육열이 자주 등장하고 또 매스컴도 이런 측면에서 집중 조명하고 있다. 이렇게 보면 과연 한국인에게 진정한 의미의 교육열이 있기는 한 것인지 질문을 하지 않을 수 없다.

일반인들은 물론 언론이나 전문 학자들마저 소위 '과잉교육열'이니 '왜곡된 교육열'이라는 말을 사용하고 있는 상황에서 이제 우리들은 교육열을 새롭게 바라보자는 제안을 하고자 한다. 교육열은 그저 교육과 관련된 열정이 아니며 더구나 부정적인 뉘앙스를 풍기며 사용해도 되는 언어는 더더욱 아니다. 그리고 무엇보다 교육열을 제대로 들여다 보아야 하는 이유는 "교육열을 알아야 한국교육이 보이기 때문"이다. 이제 막연한 비난의 대상에서 벗어나 우리 교육의 새로운 에너지원의 관점에서 진짜 교육열이 필요함을 말하고자 한다.

교육열은 한국인의 교육관련 담론을 끌어가는 줄기세포 같은 속성을 보여 준다. 줄기세포가 분화되어 결국은 장기가 만들어지고 더 섬세한 신경구조가 만들어지는 것처럼 덜 분화된 교육열 개념을 잘 분석해 보면 교육관련 세부 요소를 알 수 있을 것이다. 요즘 들어 생명공학이 발전하여 줄기세포를 이용한 장기치료 의학이 발전하는 것처럼 교육열을 잘 분석해 보면 새로운 치유의 길이 열릴 것으로 본다.

또한 교육열의 개념을 생각하다 보면 떠오르는 단어 중에 블랙홀이 있다. 뭔가 커다란 기운이 느껴지면서도 대상을 정확하게 파악하기 힘든 이미지가 연상되어서 그렇다. 교육열은 강력한 에너지를 포함하고 있고 뭔가 묵직한 느낌이 느껴진다. 블랙홀처럼 강력한 중력장 같은 것이 형성되어 교육관련 이슈들을 다 빨아들일 것만 같다. 이런 맥락을 교육열과 연결시켜 보면 우리 교육의 블랙홀 같은 교육열을 이해하고 연구할 때 우리교육의 에너지원 혹은 원류 같은 것을 발견할 수 있을지 모르겠다.

그런데 블랙홀에 대한 천문학자들의 연구가 끊어지지 않는 것은 다른 이유가 있다. 블랙홀을 이해해야만 원시우주의 상태를 알 수 있고 나아가 우주탄생의 비밀도 풀 수 있다고 한다. 또한 아인슈타인 같은 학자들이 연구한 것처럼 시간과 공간의 의미에 대한 비밀도 풀릴지 모른다. 이렇게 볼 때, 교육열은 부정적으로만 볼 것이 아니라 잘 들여다보면 오히려 우리 교육의 진짜 뿌리를 알게 되고 또 한 차원 높은 교육의 세계로 옮겨갈 수 있는 통로를 발견할 수 있을지도 모른다. 적어도 학부모의 교육열이라는 통로를 거치지 않고서는 어떠한 교육도 개선될 수 없을 것이다.

이 책은 첫 번째 저자가 작년에 출판한 〈교육열을 알아야 한국교육이 보인다〉의 후속편이라 할 수 있다. 이 책에서도 교육열을 바라보는 기본적인 관점과 맥락은 유사하나 보다 일반인들이 보다 더 쉽게 다가설 수 있도록 다양한 사례와 이야깃거리를 담았다. 1부에

서는 교육열 개념을 다시 한 번 들여다 보았고 2부에서는 새로운 에너지원의 관점에서 교육열을 다루었다. 또한 3부에서는 진짜 교육열을 찾아가는 관점에서 다양한 교육의 실제 상황을 검토해 보았다. 마지막으로 4부는 교육열을 한국적인 상황에서 벗어나 좀 더 국제적인 맥락에서 이해하고 분석하는 시도라 하겠다.

이 책은 우리들이 된장 냄새가 묻어 있는 한국교육학이 모색되어야 한다는 생각을 공유한 이후, 교육열에 대한 공통의 관심을 가지게 되었다. 지난 2002년부터 함께 토론하고 이야기해 온 '한국인의 교육열 재발견' 과정의 열매라 할 수 있다. 처음 대화를 시작한 것이 2002년 1월인데 당시 우리는 각각 한국과 미국에서 교수생활을 하고 있었기에 서로 얼굴 한번 보지 않은 상태에서 이메일 교환부터 시작했다. 그랬던 것이 무려 10년의 세월이 흐른 후에야 이렇게 한 권의 책으로 그 이야기가 정리되었다. 어찌 보면 우리들의 교육열이 빚어낸 결과물인지도 모르겠다.

이 책은 우리 두 사람만의 노력과 아이디어의 결실 이상의 것이다. 그동안 많은 아이디어와 제안을 준 대구대학교의 이민경 교수, 경기도 교육청의 오재길 박사, 이우학교의 이수광 교장, 한국교육개발원의 김기수 박사에게 감사의 말을 전한다. 일정 기간 동안 근사한 세미나 장소를 제공해 주신 정선혜 원장님에게 감사드린다. 그리고 아직 거친 아이디어 수준에서 정리된 우리의 이야기를 흔쾌히 출판해 준 태영출판사에도 감사의 말을 전한다.

2011년 10월

이종각, 김주후

차 례

Ⅲ. 진짜 교육열을 찾아서 / 59

Ⅳ. 세계 속의 교육열 / 91

I.

교육열 다시 들여다 보기

01. 왜 교육열인가?

▲ 대입 진학 설명회장에 못 들어간 학부모들

교육열이란 말을 듣는 순간 어떤 이미지가 떠오르는가? 적어도 매스컴을 통해 전해 오는 내용만 보면 뭔가 알 수 없는 뜨거운 열기 같은 것이 여러 사람들을 휘감아 정신 못 차리게 하는 것이 연상된다. 아닌게 아니라 '교육열'은 교육과 열로 만들어진 단어다. 교육에 열기가 있다는 말인가?

뉴욕타임스에 "Mother's Love Becomes Obsession for Some South Koreans"라는 제목의 기사가 실렸다. 우리나라의 언론에서는 "김연아 성공은 어머니의 힘"으로 번역되어 알려진 이 기사는 세계피겨선수권대회 1위를 획득한 김연아 선수의 성공과 관련하여 김연아 선수의 어머니를 조명하였다. "나는 김연아를 전공했다. 연아 때문에 학교 다닐 때보다 더 열심히 공부해야 했다. 사랑에 빠졌을 때보다 더 열정적으로 내 자신을 헌신했다 … (중략) … 내 자식의 재능을 키워주는 것은 내 운명이다. 나는 내 딸이 내 자신이라는 생각으로 살아간다"며 자식을 전공했다고 김연아의 어머니는 말한다.

그러면서 이 기사는 한국의 교육에 대해서 다음과 같이 언급하고 있다. "이런 열정과 헌신은 오로지 한국사회에서만 찾아볼 수 있는 현상 중 하나로 한국 부모들의 자식사랑 내지는 교육열은 거의 강박관념 수준이다."

여기서 강박관념으로 표현되고 있는 한국 부모들의 자식사랑은 우리사회에서도 교육열을 언급할 때 종종 언급되고 있다. 자식을 헌신의 대상으로써, 그리고 그러한 헌신이 어머니의 숙명이기 때문에 교육열이 존재하는 것일까? 그렇다면 왜 이러한 헌신이 우리나라에서 유독 강하게 발생하고 있는 것일까? 많은 사람들이 부정적으로 보기 때문에, 대외적으로는 교육열을 부정하면서 개개인으로서는 자신도 모르게 가지고 있는 이 열은 도대체 무엇이

며, 왜 우리 사회에서 유독 강하게 인지되고 있는 것일까?

한국에서 교육에 대한 이야기가 나오면 빠지지 않고 등장하는 말이 바로 교육열이다. "우리나라 사람은 교육열이 높다", "과잉 교육열 때문에 다 이런 입시지옥을 겪는 거야", "교육열 때문에 조기교육이다, 기러기 아빠다, 이런 것들 다 나오는 거야" 등등 교육열은 단골메뉴이자 약방의 감초처럼 등장한다. 교육열이라는 말을 너무 오랫동안 무심코 사용해 와서 더 이상 의심도 깊은 생각도 하지 않고 사용하는 단어가 되어버린 것도 같다.

우리 동네에는 얼마 전 어린 자녀들을 데리고 중국에 가서 6 개월 정도 지내다 온 가족이 있다. 어느 날 중국 간다고 떠나더니 얼마 안가서 갑자기 귀국하고 말았다. 이제는 중국어도 하고 영어도 해야 한다고 말하면서 떠나갔는데 결국 여러 가지 문제로 돌아오고 말았다. 왜 빨리 돌아왔느냐고 물었더니 큰 아이가 자꾸 아빠 보고 싶다며 울었다고 한다. 교육 문제 때문에 중국까지 갔는데 결국 가족 사이의 그리움을 이기기가 쉽지 않았나 보다. 남아 있는 아빠도 자꾸 중국을 드나들었다고 하는데 기러기 아빠도 마음이 편치는 않았을 것 같다.

사실, 조기교육 내지는 기러기 아빠는 이제 우리 사회에 일반적으로 나타나는 현상이라 화젯거리도 되지 못한다. 요사이는 잘나가는 연예인들도 기러기 아빠인 경우가 많아 해외에 자녀를 보내지 않은 사람들은 왠지 경쟁에 처지거나 능력이 없는 사람처럼 보이는 분위기마저 생기는 것도 같다. 여러 해 전에 개봉되었던 영화 〈우아한 세계〉에서 주인공으로 나오는 송강호는 조폭인데 열심히 주먹질해서 번 돈으로 아내와 아이들을 해외로 보낸다. 조폭마저 기러기 아빠가 되고 그 이유는 다 교육 때문이라고 한다.

이쯤 되면 정말 교육의 열기, 열의, 열정 수준에서 교육열이 논의되고 있는 것으로 비친다. 좋게 말해서 교육열이지 나쁘게 보면 교육에 대한 과열 내지는 광기 같은 개념이다. 특히, 교육의 부정적인 측면과 연계해서 교육열이 자주 등장하고 또 매스컴도 이런 측면에서 집중 조명하고 있다. 교육열이 원래 교육과 관련된 병리현상이나 부정적인 측면을 표현하려고 한 단어인지 생각해 볼 문제이기는 하나 교육열은 우리 경험 속에 내재한 그 어떤 비정상성을 담아 내고 있는 것으로 판단된다.

그런가 하면 요즘은 직장인들의 교육열 또한 엄청나다. 지금까지 교육열하면 대개 입시열이니 시험 준비를 위한 공부 정도로 알았는데 요즘은 다른 종류의 상황을 많이 목격하게 된다. 젊은이들의 취업난, 종신고용의 마감, 일찍 찾아오는 은퇴 등을 생각해 보면 직장을 들어간 사람들도 공부에 매달리는 시대에 살고 있다. 소위 경쟁력이니 몸값을 높이기 위해서라도 어학공부는 물론 각종 자격증 취득이나 자기계발에 몰두할 수밖에 없는 상황이다. 여기에 어려서부터 체득해 온 한국인 특유의 교육열은 다시 불이 붙어 밤늦은 시간이나 휴일에도 공부의 세계로 빠져든다.

이렇게 보면 교육열은 전통적인 의미의 시험 준비 노력에서부터 직장인들의 자기계발 노력에 이르기까지 우리 교육의 총괄적인 면을 망라하고 있다. 교육열이라는 말이 일상생활 속에서 사용되는 용례만 놓고 보면 지나치게 넓은 영역까지 포괄하여 정리가

잘 안 되는 개념처럼 보인다. 이런 이유로 학문적인 관점에서만 보면 교육열은 좋은 개념은 아닐지도 모른다.

그럼에도 불구하고 "교육열이란 무엇인가?"라는 질문을 던지면서 교육열에 관심을 가져야 할 필요가 있다. 왜 그러한가에 대한 가장 간단하면서 가장 핵심적인 대답은 "교육열을 알아야 한국교육이 보이기 때문"이다. '교육열은' 바로 우리나라 사람들의 사고 습관에 스며있는 단어이기에 더더욱 분석해 보고 따져 볼만한 가치가 있다. 한국인의 경험과 사고 그리고 구체적인 행동을 말할 때 나타는 단어인 교육열을 이해할 때 우리 교육의 핵심을 제대로 볼 수 있으리라는 것이 필자들의 생각이다. 정말 교육열은 무엇일까?

02. 교육열은 우리 교육의 줄기세포

앞에서 "교육열을 알아야 한국교육이 보인다"라고 말했다. 교육열은 지극히 한국적인 상황과 맥락을 담고 있으면서 교육과 관련된 한국인의 경험과 생각을 담아 내고 있기 때문이다. 이제 교육열을 알아야 하는 이유를 좀 더 구체적으로 생각해 보자.

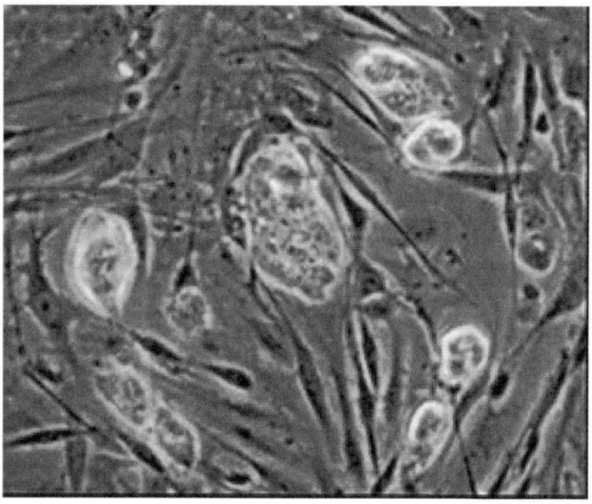

▲ 생쥐의 배아 줄기세포

첫째로 교육열 개념을 우리 일상생활 속에서 자주 사용한다는 것은 막연하나마 교육열 개념이 구체적인 용도가 있다는 것을 암시하고 있는 것이다. 또한 그만큼 우리 국민들, 교육자들, 학부모들 사이에 공유되어 있다는 뜻이기도 하다. 이런 상태의 교육열

은 어찌 보면 여러 교육관련 문제나 현상을 한국인의 정서에 잘 부합되게 표현하는 것으로 아직 구체적으로 분화되기 전의 상태에 가까운지도 모르겠다.

이런 측면에서 보면 교육열은 한국인의 교육관련 담론을 끌어가는 줄기세포 같은 속성을 보여 준다. 줄기세포가 분화되어 결국은 장기가 만들어지고 더 섬세한 신경구조가 만들어지는 것처럼 덜 분화된 교육열 개념을 잘 분석해 보면 교육관련 세부 요소를 알 수 있을 것이다. 요즘 들어 생명공학이 발전하여 줄기세포를 이용한 장기치료 의학이 발전하는 것처럼 교육열을 잘 분석해 보면 새로운 치유의 길이 열릴 것으로 본다. 아마도 이런 가능성 때문에 우리 필진은 쉽게 교육열을 포기하기 어려운 것인지도 모르겠다.

둘째로 토착현상은 토착적으로 취급해야 한다는 입장이다. 교육열현상은 우리나라 사회의 대표적인 현상임에 틀림없다. 설사 그것이 대개 부정적인 이미지로 이해되고 일반인들도 그렇게 받아들인다 하더라도 한국교육과 관련해서 너무나 자주 사용되는 표현이다. 하이데거가 '언어는 존재의 집'이라 했는데 한국인의 생활과 의식 속에 강력하게 자리매김한 교육열이라는 단어가 있다면 우리 존재의 집을 다시 들여다 볼 이유가 있다. 더욱이 다른 나라에서는 찾아볼 수 없고 한국인들이 주로 사용하는 언어라면 당연히 우리 식의 분석과 이해가 있어야 하겠다.

그럼에도 불구하고 교육열에 대한 분석적 이해수준이나 논의의 다양성은 매우 낮다. 교육학을 연구하는 학자들도 한국인의

공부를 향한 열정을 서구에서 개발된 동기이론이니 사회변동이론이니 하는 관점에서 논의하곤 한다. 한국인이 체감하는 교육현상을 잘 표현하는 교육열이 있기는 있는데 오히려 학자들은 토착화되지 못한 서구 개념을 활용하여 한국교육을 들여다보는 것인지도 모르겠다. 한국인의 의식과 무의식이 작용하는 교육열은 뭔가 한국적인 맥락에서 들여다보지 않고서는 한국 교육의 문제에 대한 제대로 된 진단조차 불가능하다고 본다.

셋째로 교육열을 제대로 이해할 때 교육과 관련해서 나타나는 다양한 현상의 뿌리를 이해하고 나아가 적절한 처방까지 내릴 수 있다. 한국교육의 주요 과제들(예: 사교육, 입시위주 교육, 기러기 가족 등)의 상당수가 교육열에 대한 이해를 기초로, 교육열에 대한 이해와 함께해야 제대로 대응해 나갈 수 있는 과제들이다. 예를 들어, 사교육에 대한 분석의 경우에도 거의 대부분의 경우 그 모체인 교육열은 드려다 보지 않거나 못 들여다보고 논의하고 있다. 입시열이라든지, 사교육비 과다지출과 사교육경쟁 문제 등의 부작용만 강조하는 경향을 보여 왔다. 이와 같은 이해방식은 눈으로 드러난 현상에만 집착하고 그 뿌리를 보지 않으려는 자세다. 단순 피부염이라면 간단한 연고제로 치료가 가능하지만 아토피 수준이라면 면역체계 전반에 대한 분석과 연구가 없이는 치료가 어렵다. 이런 맥락에서 한국 교육의 줄기세포인 교육열을 들여다보아야 하고 그럴 때 새로운 해법에 대한 근원적인 치유책이 나오리라 믿는다.

03. 왜 하필 교육 '열'일까?

▲ 지하철 출근

자연현상에서 열이 나는 경우는 몇 가지가 있다. 우선 가장 상식적인 현상으로 갑자기 에너지가 유입(예: 산불, 화산 폭발)되어 사물을 태워 버릴 때 열에너지가 방출된다. 이는 해당 자연물의 속성이나 특징과는 무관하게 그야말로 외부 에너지가 갑자기 들어와서 생긴 경우다. 또 여름철이 되어 온도가 올라가면 지면에서 열이 나고 건물도 달아올라 열이 나게 된다. 이는 지구의 축이 기울어져 생기는 것으로 계절이 바뀌면서 나타나는 자연현상이다.

이와는 달리 대상물의 내적인 상태와 관련해서도 열이 발생한다. 사물 혹은 사람이 너무 가깝게 붙어 있을 때 열이 올라간다. 겨울철에도 출근길 지하철 안은 사람들이 다닥다닥 붙어 있다 보니 열이 난다.

그런가 하면 생명체의 경우 생명을 유지하기 위한 순환 시스템이 있는 데 이 시스템에 문제가 발생하면 열이 난다. 가장 흔한 예는 감기인데 내외부의 열 조절에 실패하거나 내부 에너지 상태의 균형이 깨지면 열이 나면서 기침과 콧물도 동반하게 된다.

외적인 에너지 유입에 의한 열은 별수없이 물이나 소화기를 사용하여 불을 끄는 수밖에 없다. 또 공장에서 사용하는 기계장치라면 냉각수를 유입하거나 에어컨을 가동하여 열을 식혀야 한다. 그런데 내적인 에너지 시스템과 관련해서 발생한 열이라면 어떻게 다루어야 할지 간단치 않다. 경륜이 많은 내과 의사일수록 몸에서 열이 난다고 함부로 해열제를 써서는 안 된다고 말한다. 그 이유는 몸에서 열이 나는 것은 인체 시스템에 문제가 발생한 것인데 그 원인을 찾기보다는 그저 열만 내리려고 해서는 안 되기 때문이다. 해열제를 함부로 쓰면 특히 유아들의 경우 폐렴과 같은 큰 병을 키우게 되는 일도 있다.

이렇게 볼 때 열이 나는 것은 외적인 요인과 내적인 요인으로 나누어 볼 수 있다. 그렇다면 우리가 말하는 교육열은 과연 어느 쪽일까? 아마도 두 가지 요소가 다 있기는 할 터인데 많은 사람들이 염려하는 것은 내적 시스템과 연계된 열을 말하는 것 같다. 즉, 단순히 외적인 환경 및 상황 변화 때문에 열이 발생한 경우라면 오히려 단순한 문제인데 반해 내적인 시스템에 의한 것이라면 간단치가 않기 때문이다. 교육열이 개인의 내적인 성취동기는 물론 출세를 위한 욕구와 관련이 있기에 많은 사람들이 관심과 걱정을 동시에 보내는 것이리라.

이런 맥락이어서 일까? 한국의 교육열을 연구한 미국의 학자 Seth는 교육열을 education fever라고 영역했다. 즉, 우리나라의 교육열을 교육과 관련된 열기(heat)나 열정(aspiration)이 아니라 감기가 걸려 나는 신열(fever)의 의미로 본 것이다. 뭔가 정상적인 것이라기보다는 신분상승이나 남보다 더 나은 사회적 지위를 획득하기 위한 비정상적인 열기로 이해한 것이다. 즉, 정상적인 에너지 흐름과는 무관하게 그 흐름을 역행해서라도 뭔가를 성취하고자 하는 과정에서 발생하는 일종의 부작용 같은 열로 본 것이다.

이렇게 볼 때 열이라는 표현보다는 기(氣)라는 표현을 사용하는 것이 더 맞을지 모른다는 생각도 해 본다. 그럼 교육열이 아니라 교육기가 되는 것인가? 한국말의 어감상 어색하기는 한데 교육과 관련해서 열이라는 개념보다는 기라는 표현이 더 적확할지 모른다. 우리 교육에서 느껴지는 강력한 기운 말이다.

언제부터 사람들이 우리 교육을 가리킬 때, 그 많은 표현 중에 열이라는 단어를 썼는지는 잘 모르겠다. 말이라는 것이 오랜 시간 동안 갈고 다듬어 지면서 가장 적절하고도 쉽게 부를 수 있는 내용을 담게 되는 것을 생각하면 바로 이 말 속에 한국인의 생각과 경험이 녹아 있으리라. 분명한 것은 교육에 열이 발생하는 교육열 현상(예: 사교육, 조기유학)이 전부가 아니라는 것이다. 교육열은 단순히 열이 나는 정도가 아니라 보다 더 근본적인 에너지원과 관련이 있기 때문이다.

04. 교육열에 열 내기

▲ 대학 입학 지원서 제출

우리나라 교육과 관련해서 이해하기 힘든 부분이 있다. 온 국민이 자녀를 좋은 학교에 보내고 싶어하는데, 실상 좋은 학교가 적다는 것이다. 최근 세계 고등교육 평가기관들의 보고를 봐도 한국에는 좋은 대학원, 좋은 대학의 수가 적다. 그럼 좋은 고등학교, 중학교, 초등학교는 있는가? 만약 좋은 학교가 많다면 왜들 조기유학을 보내고 기러기 아빠가 생겨날까? 교육열이 그렇게 높다는 나라의 학교가 이런 수준이라면 누가 믿을까? 정말 교육열이 높기는 높은 것일까?

교육과 관련된 모순을 생각할라 치면 질문은 계속 생겨난다. 교육투자도 세계 최고 수준이며(공교육비와 사교육비를 합친 경우), 교육열도 높고, 교육경쟁도 가장 치열한데 한국교육의 국제경쟁력은 매우 낮다는 것이다. 국제학력비교평가인 PISA나 TIMMS의 평가결과 발표를 보면 한국 학생들은 늘 좋은 성적을 보이는 편이다. 그러나 한국교육의 경쟁력이 세계적인 수준이라고 믿는 사람은 많지 않다.

중 · 고등학교 다닐 때 공휴일이나 일요일 아침 일찍 도서관 앞에서 줄을 섰던 기억이 있다. 쉬는 날에 늦잠은 고사하고 새벽부터 일어나 도서관에 자리를 잡기 위해 나섰다. 이런 장면을 외국인이 보았다면 정말 한국의 교육열은 세계적인 수준이라고 감탄했을 것이다. 그런데 정말 학생 하나하나의 교육열이 높아서 그랬던 것일까?

눈으로 드러나는 집단 차원의 교육열 현상 내지는 모습을 보면 정말 누가 보아도 교육열이 높은 것으로 보인다. 그런데 개개인의 행동들을 살펴보면 그 결과는 얼마든지 뒤집힐 수 있다. 왜 도서관에 나가서 입시준비를 했을까? 대개는 집에서 하면 집중력이 떨어지고 나태해진다고 대답했다. 그럼 왜 혼자서는 안 되는 것일까? 대학에 가야 한다는 이유 말고는 공부해야 할 간절한 이유가 없었기 때문이다. 그래서 남들과 경쟁하는 상황에 자신을 밀어 넣고 스스로 채찍질을 가해야만 공부가 되는 상황이었다. 다른 말로 하면 자기 스스로는 내적인 동기가 취약한 모습이었다.

많은 사람들이 우리나라 학생들이 올림피아드를 비롯한 국제학력 비교에서 높은 성적을 보이는 것에 관심을 보인다. 그런데 국제학력평가 결과에서도 보면 학력평가 점수는 높은 등수를 차지했지만 학업 동기나 태도를 묻는 설문결과에서는 뒤에서 등수

를 세어야 한다는 사실을 간과하는 경우가 많다. 다시 말해 점수는 높았지만 공부를 해야 하는 이유나 동기는 스스로 발견하지 못하고 있는 경우다. 그렇다면 과연 우리나라 사람들의 교육열은 높은 것일까? 아니면 교육과 관련해서 뭔가 열이 나고 있는 현상만 목격하고 있는 것 뿐인가?

예전에 한국어를 배우는 외국인과 대화할 때 받은 질문이다. "한국어에는 왜 그렇게 '가지고'라는 말이 많아요? 무슨 뜻인지 잘 모르겠어요." 한국어를 배우면서 잘 이해가 안 된 말 중에 "이래 가지고서야……", "그래 가지고 말이야……." 하는 그 '가지고'에 대한 질문이었다. 설명을 해 주려고 하니까 너무나 자주 쓰는 말인데도 막상 별 의미 없이 쓰고 있었다는 발견을 했다. 그래서 "그건 그냥 습관적인 표현인데 별 뜻은 없고……." 하면서 얼버무렸던 기억이 있다.

이미 관용적인 표현으로 굳어졌으면서도 정작 실질적인 의미가 없는 말을 나 또한 사용하고 있다는 것에 적잖이 놀랐던 기억이 있다. 만약 우리가 사용하는 교육열도 이런 종류의 표현이라고 주장한다면? 다시 말해 교육에 대한 이야기만 나오면 다들 교육열이 어쩌구 저쩌구 하는데 그게 알고 보면 그냥 교육에 관한 현상을 두리 뭉실하게 표현하는 것이지 실질적인 의미가 없다면? 만약 그렇다면 교육열에 대해 논의하는 것 자체가 큰 의미가 없을 것이다.

그런데 우리가 말하는 교육열은 이런 종류의 관용표현이나 어떤 현상을 포괄적으로 표현하는 지칭어와는 다르다. 다분히 개

인적인 추정일 수도 있겠으나 한국인이라면 교육열이라는 단어를 들을 때 뭔가 다른 떨림이 있다. 그것은 각자가 경험한 입시지옥에 대한 기억에서부터 현재 사교육이나 조기유학을 위해 막대한 양의 돈을 쏟아 붓고 있는 것에 이르기까지 다양한 경험에 기초하고 있을 것이다. 교육열은 교육에 대한 관심 그 이상을 담아내며 정서적 폭발성까지 내포한 에너지를 일컫는 단어이다.

혹자는 교육열이 뭐 그리 대단한 감흥을 주느냐고 질문할지 모르겠다. 더욱이 교육열과 관련해서 대개 부정적인 이미지가 형성되어 있는데 굳이 교육열이란 개념을 붙잡고 있을 이유가 있는가하는 의문을 제기할지도 모르겠다. 극심한 교육경쟁의 부작용, 사교육의 심화와 부작용, 치맛바람, 교육 부정 · 부패 사례 발생 등의 원인으로 교육열이 지목되곤 한다. 그런가 하면 때로는 정반대로 열악한 상황임에도 불구하고 교육이 국가발전에 이바지할 수 있게 만든 근본 동력을 학부모의 교육열이었다고 극찬하는 경우도 있다.

결국, 뭔가 불편한 느낌이 드는 것도 사실이긴 하지만, 우리 교육의 뿌리를 더듬으려면 교육열을 건드리지 않고는 안 되겠다는 느낌이 든다. 왠지 피할 수 없는 강력한 에너지마저 느껴지기도 한다. 그만큼 우리교육의 저변과 연계되어 있고 일단 그 개념의 핵심만 잘 집어 내면 우리나라 교육의 근본과 만날 것만도 같다. 이것이 바로 필자들로 하여금 쉽게 교육열을 손에 놓지 못하고 계속 고민하게 만드는 이유이다. 어찌 보면 필자들도 교육열에 대해서 열을 내고 있는지 모르겠다.

05. 교육열과 조기유학

▲ 1935년 미국 알라바마의 교실

한동안 조기유학의 열풍이 불었던 적이 있다. 지금은 그 열풍이 잦아들고 나갔던 학생들마저 돌아오는 경우가 많기는 한데 국내보다는 국외로 나가는 것에 대한 잠재적 열망이 완전히 없어졌다고 보기는 힘들다. 이런 맥락에서 보면 조기유학의 유행은 정말로 우리나라의 교육열이 높아서 그런 것인지 다시 생각해 보게 만든다. 교육열이 높은 국가라면 학생들을 위한 좋은 학교가 있어서 굳이 외국으로 나갈 필요가 없을 것이기 때문이다.

한국교육개발원이 2005년에 발표한 보고서에 조기유학 경험이 있는 학부모를 대상으로 설문 및 면담을 실시한 결과가 흥미롭다. 이 내용에서 조기유학을 보내게 된 이유를 물었을 때 가장 빈도가 높은 내용이 '외국어 습득', '국제적 안목을 지닌 인재육성', '극심한 경쟁위주의 교육과 대입제도'였다. 즉, 국내에서 교육시켜 가지고는 외국어도 습득 못하고 우물 안 개구리가 될 것 같고 그리고 경쟁만 극심한 대입제도에 자기 아이를 희생시키고 싶지 않다는 뜻이다. 이런 내용 때문에 조기유학을 보낸 거라면 누가 그 부모를 탓할 수 있을까 싶기도 하다.

그런데 설문에 응한 사람의 약 반 정도가 귀국을 고려한 교육을 실시하고 있다고 답했다. 그 방법은 과외를 받거나 학원을 다니는 것이었다. 미국까지 조기 교육을 가서도 한국에 돌아갈 것에 대비한 사교육을 받고 있으니 어디를 가도 공교육으로만 만족할 수 없는 사람들인가 하는 생각도 든다. 그러나 이런 이중 낭비가 발생한 근본적인 이유는 한국을 떠났기 때문에 발생한 것이다. 그 많은 돈을 써 가며 굳이 외국까지 갈 이유가 없다면 누군들 그렇게 하고 싶을까?

또 조기유학을 목적으로 미국 버지니아 주에 거주하고 있는 한인들을 대상으로 한 면담분석에서 나온 다음과 같은 내용은 눈여겨볼 부분이다.

> "그 당시 우리나라 분위기가 많이 보냈어요. 외국으로 많이 보냈는데, 지금은 더 오잖아요. 내 친구들은 거의 다 보냈어요. 우리 남편이 남자들은 저녁 끝나고 회식하고 그러잖아요. 자기 얘기가 열 명 중에 한 여섯 명은 갔대요. 그런 얘기를 들으니깐 불안한 거야. 도태되는

> 것 같고. 누구는 어디 가서 뭘 했다고 그러니깐. 옛날에는, 처음에는 우리가 오기 1년 전에만 해도 그 기러기 참 힘들겠다 그랬는데, 내가 올 때쯤이면 그렇게 하나보다. 그런 분위기……."

조기유학을 오게 된 것이 마치 무슨 열기에 휩싸여 밀려 온 듯한 느낌이다. 본인이 간절하게 원하고 또 구체적인 목적이 있어서가 아니라 주변 분위기가 떠나지 않고는 못 배기게 만들었다는 이야기로 들린다. 이런 밀어내기식 분위기가 교육열이란 말인가? 그런가 하면 다른 엄마의 이야기는 조기유학의 효과에 대해 다시 생각하게 만든다.

> "결국 못 쫓아가요. 저희 직원 애들도 여기서 고등학교 때 부모랑 같이 와도요. 고등학교 때 온 애들 같은 경우엔 커뮤니케이션이 안 돼요. 그냥 사는 영어는 되요. 어떤 비즈니스를 하거나 외국직장에 들어가려고 해도 들어갈 수가 없는 거예요. 말이 안 돼요. 대학을 나와도 말이 안 돼요."

어려서 왔지만 역시나 문화적인 차이 때문에 미국에서 대학을 나왔지만 직장 구하기도 쉽지 않다는 말이다. 독자들은 어떻게 그럴 수가 있느냐고 반문할 수 있겠지만 그것이 현실이다. 문제는 해당 국가의 언어는 물론 문화와 사고방식을 충분히 이해하고 거기에 더해 그 나라식의 창의성과 의사소통 그리고 문제해결능력이 있어야 한다는 것이다.

결국 태어나고 자란 나라를 떠나와서 돈 들이고 시간 들이고 했는데 다시 한국으로 돌아올 수밖에 없는 사람이 많다. 떠나간 사람이 바보였다라고 비난할 수도 있겠으나 떠났던 사람도 다 이유가 있었다. 그 나름대로 최선의 선택이라고 믿고 결행했던 것이다. 더 적은 비용으로 더 효과적으로 공부할 수 없고 떠나갈 수밖에 없게 만들었던 것이 부모의 교육열만이라고는 할 수 없다. 한국의 교육환경과 제도에 분명 문제가 있음에 틀림없다.

06. 교육열은 가족 중심적인가?

오랜 전에 미국에서 공부하던 시절의 이야기다. 뭔가 공부 좀 해보겠다고 멀리 타국까지 날아가서 남의 나라말로 공부를 했다. 그 때 모두들 각자 나름의 목표를 가지고 열심히 공부했는데 공부하러 오게 된 동기나 이유는 매우 다양했다. 누구는 한국에서는 제대로 된 공부를 할 수 없어서 왔고, 자기가 공부하려는 분야를 지도해 줄만한 선생이 없어서 온 사람도 있었고, 한국에서 지도교수하고 사이가 좋지 않아서 박사과정 공부를 계속하기가 어려워서 온 사람도 있었다. 그런가 하면 남편이 공부하러 가는 김에 따라와서 좋은 기회라 여기고 공부하는 사람도 있었고, 회사나 국가에서 장학금을 지원해 주어서 떡 본 김에 제사 지내러 온 사람도 있었다. 정말이지 다양한 동기와 이유로 유학길에 들어선 사람들이었다.

그런데 저마다 공부하러 오게 된 계기나 동기는 달라도 일단 학위과정에 들어온 후 공부하는 모습에서 한 가지 공통점을 발견한다. 올 때야 여러 가지 이유로 왔지만 실제로 공부를 계속하게 만드는 원인은 따로 있었다. 말하자면 유학생들 교육열의 뿌리에 해당되는 부분이다. 그것은 자신이 학위를 받지 못하고 돌아가면 부모님 뵐 낯이 없거나 친척이나 이웃들한테 할 말이 없을까봐 공부 열심히 한다는 것이었다. 어찌 그런 하찮은(?) 이유 때문에 박사학위 공부를 그것도 타국에서 할 수 있느냐고 묻고 싶은 사람이 많을 것이다. 여전히 한국인에게 공부는 자기 자신의 목표나 성취와 더불어 가족들과 연계된 관계지향적인 동기에서 나오고 있었다.

여러 해전 조폭관련 영화가 흥행에 성공하던 시절에 '친구'라는 영화가 있었다. 배우 유오성이 주인공이자 조폭으로 등장하고 장동건 역시 경쟁관계에 있는 다른 조직의 중간 보스로 나왔다. 때는 70년대였는데 당시 고등학교 학교생활의 단면을 들여다볼 수 있었다.

영화에서 가장 인상 깊었던 장면은 시험이 끝나고 나서 선생님이 점수가 떨어진 학생을 한 명씩 불러 내어 따귀를 때리는 부분이었다. 그런데 학생을 때리기 전에 꼭 물어 보는 질문이 있었다. 그것은 "아버지 뭐 하시노?"였다. 그 질문에 어느 학생이 "생선가게 하십니다"라고 답하니 그 선생님은 "니 아부지가 이 점수받으라고 생선 비린내 맡아가며 돈 버는 줄 아나?"하며 따귀를 후려쳤다. 그 다음 학생은 "이불가게 하시는 데예" 하자 선생님은 "니 아부지가 이 점수받으라고 솜가루 마셔가며 장사하는 줄 아나?" 하며 또 따귀를 때렸다. 마지막으로 유오성 차례가 되었는데 유오성이 "아부지 조폭입니다" 하고 말하자 선생님은 "이 놈이 놀리나" 하며 따귀가 아닌 발로 걷어차고 밟는 장면이 나온다.

처음 이 영화를 보았을 때는 "아 정말 옛날에는 왜 그렇게 선생님들이 때리고 그랬을까" 하며 마음이 답답했다. 또 그냥 때리면 되지 왜 아버지 직업은 물어 가면서 학생들의 자존심까지 건드렸을까 하는 생각도 했다. 그러다가 이런 로맨틱한 해석을 해 보기도 했다. 만약 우리나라 학생들의 실질적인 교육열은 가족 안의 부모와 관계성 안에 자리하고 있다면? 아마도 그 선생님은 학생 개개인과 부모 사이에 굳게 자리하고 있는 미래에 대한 무언의 약속이랄까 공부에 대한 비전이랄까 뭐 그런 것이 있을 것이라고 믿었던 것도 같다. 그런 믿음과 약속을 무시해도 분수가 있지 이 점수는 정말 너무 했다라고 해석하면서 때렸다면? 그 선생님은 학생들의 낮은 점수가 각 가정 속에 깃든 교육열에 대한 모독이라고 믿었던 것일까?

아프리카에서 온 학생들의 경우 부족의 영광을 위해서 공부하는 경우도 있었다. 구체적인 이유 중의 하나는 족장님이 등록금을 대 주어서였다. 한국 학생들과 그 내용은 달랐지만 공부하는 동기는 자기 자신의 그 무엇보다 자신을 둘러싼 가족 내지는 부족과의 관계성 속에 자리하고 있었다.

물론 미국학생이라고 해서 부모나 친척의 격려 혹은 가족관계 안에서 나오는 동기요소가 없는 것은 아니다. 미국학생들도 박사학위 맨 앞에 적은 감사의 글에 보면 대개는 부모님, 배우자, 자식들과의 사랑과 비전공유에 대한 이야기가 나온다. 그렇지만 공부하는 직접적인 이유는 몸값을 올려 더 좋은 회사나 대학에 가고 싶은 이유가 많은 것 같다.

그런데 가족과의 관계지향적 동기가 문제라도 있다는 것인가? 그건 아니다. 내 공부가 그저 나 자신만을 위한 공부가 아니라 우리 가족 모두의 열망과 교육을 향한 강력한 에너지 결국 교육열과 연계되어 있는 것은 지극히 당연한 현상이라 본다. 교육열의 뿌리는 가족 특별히 부모와의 관계 속에 자리하고 있다.

07. 교육열이 낮으면 학교에 대한 만족도가 높아질까?

학부모의 학교 만족도를 조사하여 학교교육의 질을 향상시키는 데 활용하고 있다. 만족도라는 것이 과연 무엇인지 또 정밀하게 측정할 수 있는지 등에 대한 논란이 없는 것은 아니지만 그래도 교육 수요자의 의견을 반영한다는 측면에서 학교 만족도 평가는 계속될 것으로 판단된다.

그런데 문제는 만족도 평가를 통해 얻는 점수를 해석하는 과정에서 생겨난다. 과연 만족도가 '높다', '낮다'라는 말이 무엇을 의미하는가를 제대로 파악하기가 쉽지 않다. 특히, 만족도라는 것이 자신이 기대한 내용에 대한 만족도이기에 소위 객관적으로 파악되는 그런 만족도라는 것은 이미 개념상 존재하기 힘들다는 것이다.

예전에 한국교육개발원에서 학교교육 만족도를 전국적으로 측정한 일이 있었다. 간단한 설문조사 형태로 5점 만점으로 측정하였다. 즉, 학부모들의 설문을 통해 5점에 가깝게 나오면 매우 만족하는 것이고 1점에 가까울수록 만족하지 않는 것이다.

조사 결과 전국적으로 4.5를 넘는 학교가 몇 군데 발견되었다. 5점 만점에서 4.5점 이상이니 대부분의 문항에서 5점(매우 그렇다)을 고르고 일부 문항에서만 4점(그렇다)을 선택한 경우다. 다른 조사도 아니고 학교교육 만족도 조사에서 4.5를 넘긴다는 것은 결코 쉬운 일이 아니다.

도대체 어떤 학교길래 이렇게 높은 점수를 받을 수 있을까 궁금해졌다. 전화로 물어 볼 내용이 아닌 것 같아 일부로 그 학교를 방문하기로 했다. 읍면 지역에 있는 그리 크지 않은 평범한 학교였다. 학교건물이나 시설도 도시에 있는 사람들의 관점으로 보면 별로 깨끗해 보이지도 않는 그런 평범한 학교였다.

교육시설이나 환경은 그렇다 치고 교육과정이나 교사들의 노력 등에 있어서 어떤 특별한 점이 없는지 살펴보았다. 교장선생님과 면담도 하고 학생들과 만나서 이야기도 나누었다. 그 결과 도무지 어떤 특별한 점을 발견할 수 없었다. 꼭 특별한 점이 있어야 만족도가 높을 것이라고 가정한 것은 아니었지만 지나칠 정도로 평범한 학교라 만족도가 높은 학교에 온 것이 실감나지 않았다.

마지막으로 조사에 응한 당사자인 학부모 면담을 했다. 지방 읍면지역에 위치한 학교에 자녀들을 보내고 있는 역시나 평범한 학부모들이었다. 그러다가 이 학교의 학교만족도 점수가 가장 높았다는 말과 함께 학교의 어떤 면이 그리 좋았는지 질문을 했다. 그러자 한 학부모가 "아 이 깡시골에서 이 정도 하면 잘 하는 것이지 뭘 더 바래요."하고 대답했다. 더 이상 면담의 필요성을 느끼지 못해서 그것으로 학교방문을 마쳤다.

그 학교의 경우 학력수준이 높거나 집안 경제력이 뒷받침되는 학생들의 경우 이미 도시로 유학가고 없는 상황이었다. 그 곳에 남아있는 학생들의 대다수는 상위학교 진학에 큰 동기가 없거나 부모 역시 지역에 남아 자신이 하던 농업이나 관련 사업을 물려받기를 기대하는 편이었다. 결국 교육에 대한 기대치가 높지 않은 상황이라 이에 상응하는 형태로 만족도는 높게 조사되었던 것이다.

같은 조사도구를 이용하여 서울의 강남지역을 조사하였을 경우 학교만족도 평균점수가 3점을 밑도는 경우도 많았다. 그러면 이 학교의 질이 낮다고 볼 것인가? 아마도 그렇게 말할 수는 없을 것이다. 오히려 학교교육에 대한 기대치가 높기에 상대적으로 만족도는 낮게 나올 확률은 높다. 다른 말로 하면 교육열이 높을수록 학부모의 학교교육 만족도 점수는 높게 나오기 힘들다는 해석도 가능하다.

어차피 만족도는 기대한 것에 대한 상대적인 만족이라 절대적인 의미를 찾는 다는 것은 쉬운 일이 아니다. 그래서 설문조사 형태로 나타난 학부모의 학교교육 만족도 점수에 대한 제대로 된 해석은 어렵다. 사정이 이렇기에 학부모 만족도 점수를 활용하여 학교교육의 질을 간접적으로 측정한다는 것은 어렵다. 교육열이 높을수록 만족도는 낮게 나타나고 교육열이 낮을수록 만족도는 높게 나타나는 것일까?

II.

교육열은 새로운 에너지원

01. 교육열은 한국교육의 블랙홀

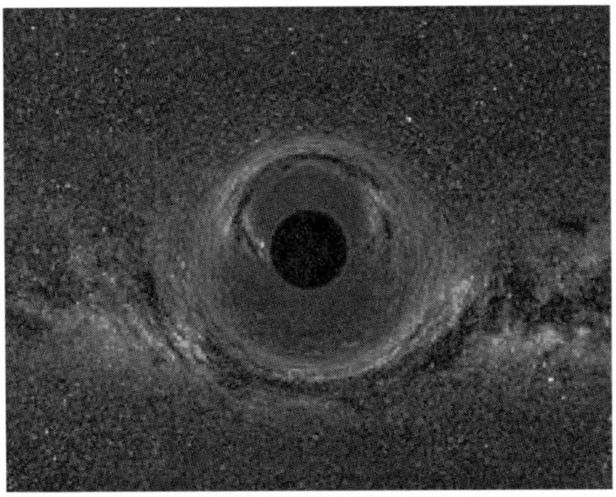

▲ 블랙홀

교육열의 개념을 생각하다 보면 떠오르는 단어 중에 '블랙홀'이 있다. 뭔가 커다란 기운이 느껴지면서도 대상을 정확하게 파악하기 힘든 이미지가 연상되어서 그렇다. 천문학자들의 연구에 따르면 블랙홀은 측정하기조차 힘들 정도로 무겁다고 한다. 그런가 하면 강력한 중력 때문에 주변의 물체들을 빨아들이는 속성도 연결이 될 성 싶다. 그렇기 때문에 천문학자들의 관심사에서 벗어난 적이 없고 우주에 대한 연구를 하는 사람치고 블랙홀을 다루지 않는 사람이 없다고 한다.

블랙홀의 이러한 특성을 교육열과 연계시켜 보면 그럴듯하게 유사한 면이 발견된다. 교육열은 강력한 에너지를 포함하고 있고 뭔가 묵직한 느낌이 느껴진다. 블랙홀처럼 강력한 중력장 같은 것이 형성되어 교육관련 이슈들을 다 빨아들일 것만 같다. 공상과학 영화에 보면 블랙홀 주변에 잘못 들어섰다가 그 안으로 빨려 들어가는 장면이 나온다. 우리 교육도 이렇게 보면 교육열에 빨려 들어가는 우주선처럼 보이기도 한다.

그런데 블랙홀에 대한 천문학자들의 연구가 끊어지지 않는 것은 다른 이유가 있다. 블랙홀을 이해해야만 원시 우주상태를 알 수 있고 나아가 우주탄생의 비밀도 풀 수 있다고 한다. 또한 아인슈타인 같은 학자들이 연구한 것처럼 시간과 공간의 의미에 대한 비밀도 풀릴지 모른다. 공상과학 영화에 보면 블랙홀은 또 다른 세계로 옮겨가는 일종의 터미널 역할도 한다. 즉, 블랙홀이 부담스러운 존재이기는 하나 잘 이해하고 활용하면 새로운 세계로 점프할 수 있을 것이라 추정한다.

교육열에 대해서도 이와 비슷한 추정을 할 수는 없을까? 즉, 생각보다 잘 알려져 있지 않고 잘못 가까이 갔다가는 빨려 들어가기만 하는 교육열. 그러나 두려워만 하고 부정적으로만 볼 것이 아니라 잘 들여다보면 오히려 새로운 지평이 열리고 또 다른 세계로 가장 효율적으로 옮겨갈 수 있는 통로가 될 수 있다. 문제는 두려워하기만 하고 가까이 가지 않으면서 문제가 발생하거나 해석이 안 되는 현상이 생기면 교육열이 어쩌구 저쩌구 하면서 덮어씌우려는 태도이다. 그렇게 하는 것이 아마도 가장 손쉬운 분석인지도 모른다.

공상과학 영화를 보면 블랙홀은 그저 무시무시하고 주변의 물질을 끌어당기는 소용돌이만은 아니다. 오히려 블랙홀은 기피의 대상만이 아니라 어떻게 잘 이용하느냐에 따라서는 다른 차원으로의 점프가 가능하거나 아주 먼 은하에 있는 별로 빨리 갈 수 있는 지름길의 통로로도 이해된다. 다른 세계를 연결해 주는 징검다리 내지는 연계장치 역할을 한다.

이런 측면도 블랙홀은 교육열과 닮은 데가 있다. 교육열은 한국인이 교육과 관련해서 느끼고 경험한 내용, 의식 및 무의식이 복합적으로 녹아있는 블랙홀 같은 것이라 할 수 있다. 교육열은 우리 교육의 암울한 면을 보여주고 또 교육과 관련된 수많은 논의를 빨아들여 버리곤 한다. 그런가 하면 이 교육열을 제대로 들여다보고 나아가 활용할 수 있다면 우리는 전혀 다른 세계로 나아갈지 모른다. 그리고 너무 문제가 복잡해서 우리가 지향하는 선진 교육의 길로 갈 수 없을 것이라 생각했던 바로 그 곳으로 갑자기 점프해 가는 통로가 될지 모른다. 이런 면들 때문에 우리교육에 대한 제대로 된 이해와 분석을 위해 교육열을 지나쳐 갈 수 없다.

02. 지식기반 사회에서 기름 만난 교육열

한 때 "빨리빨리"를 비난하며 한국인은 여유가 없고 뭔가 허둥대는 모습을 비판하기도 했다. 전쟁을 겪고 산업사회를 빨리 일구고자 했던 시대의 모습을 대변해 주던 그 "빨리빨리" 역시 지식기반 사회를 맞아 새롭게 해석되고 있다. 워낙 세상이 빨리 변해가기에 단순히 일처리를 제한된 시간 안에 빨리 해 내는 정도가 아니라 미래를 내다보면서 빨리 변화하지 않으면 도태되는 시대에 살고 있다. 앨빈 토플러도 "빨리빨리" 정신이 한국의 정보화에 기여했다고 평가한 바 있다.

소위 IT기반 시설과 관련 기술을 미리 발전시킨 한국은 이제 세계적으로도 우수한 수준의 IT강국으로 꼽히고 있다. 온라인 게임을 만들어도 일단 한국을 통해 시판한다든가 까다로운 한국 고객을 만족시킬 수 있다면 전 세계 IT관련 제품을 무난하게 팔 수 있는 것으로 판단하고 있다. 또한 소프트웨어 차원에서는 아직 질적인 도약을 이루어야 하지만 온 국민이 초고속 인터넷에 연결된 환경에서 살고 있는 몇 안 되는 나라이다.

산야 면적이 너무 많아 농경지 개간이 제한되고 도시를 만들면 아파트 단지가 밀집되어 토지이용 효율이 떨어진다고 말해 왔던 한국이다. 그랬던 것이 IT기반시설 구축에 있어서는 이보다 효율적인 환경이 없다고 한다. 기지국 건설도 쉽고 인터넷 전용선을 까는 데도 돈이 적게 든다고 한다. 미국만 해도 워낙 땅이 넓고

개별 주택이 띠엄 띠엄 떨어져 있기에 아직도 모뎀을 이용하여 인터넷을 사용하기도 한다. 인터넷 환경을 갖추는 데는 불리한 환경이 되어 버렸다. 한국적인 것이 또 한국의 환경이 새로운 시대에는 힘을 쓸 수 있다고 본다.

이런 맥락에서 보면 교육열도 예외는 아니다. 대개는 교육문제만 생기면 교육열이 왜곡되었느니, 비정상적인 교육열이니 하며 한국인의 교육을 향한 열망을 비난했던 사람이 많았다. 그렇게 말해 봐야 교육문제가 해결되기는커녕 문제의 분석조차 이루어지지 못한다는 것을 알면서도 말이다.

교육열은 이제 마치 태양열처럼 우리 곁에 늘 있었으면서도 냉대해 왔지만 새롭게 태어나야 할 에너지원이다. 특히, 평생교육을 지향하는 지금 시대의 기조로 볼 때 다소 과열된 것처럼 보이고 또 입시를 향해 초점이 맞추어져 있다 하더라도 큰 그림에서 보면 이것은 자산이다. 누가 뭐라 해도 또 어떤 상황에서도 교육을 향한 큰 열정이 있다는 것은 결코 과소평가할 수 없는 우리만의 고유한 힘이다.

문제는 이런 자산을 여하히 활용하여 이전에는 생각해 보지 않은 새로운 가치를 창출할 수 있느냐이다. 특히, 자고 나면 새로운 지식이 나타나고 어제의 지식은 더 이상 의미 있는 정보를 주지 못하는 이 시대에 교육을 향한 열망이야말로 우리를 빨리 빨리 변화시켜 줄 수 있는 원동력이라 할 수 있다.

03. 우리 교육열의 품격 올리기

교육열이 구체적으로 집중되는 중간 기착역 중에 각종 고시가 있다. 사법고시, 행정고시, 외무고시로 대변되는 전통적인 시험이 있고 최근에는 공무원 시험이나 교사임용시험도 거의 고시 수준에 가깝다 하겠다. 이들 고시들은 마치 과거 조선시대의 과거시험을 연상케 하는 데 제한된 수의 사람만 뽑는 선발 시스템이다.

고시의 성격상, 경쟁이 치열하다 보니 수많은 젊은이들이 소위 고시원에서 고시학원에서 젊은 시절을 보내게 된다. 그러다가 다행히 합격을 하면 좋은 데 현실은 그렇지 못하다. 너무 많은 젊은이들이 그 고시 때문에 젊음을 젊음답게 활용하지 못하고 결국 고시낭인으로 전락하고 만다. 국가적으로 보면 심각한 낭비에 해당한다.

그런데 문제는 엄청난 경쟁을 뚫고 고시에 합격한 사람들이 실질적으로 경쟁력 있는 법률전문가, 행정전문가, 외교전문가가 되는가가 문제이다. 우리끼리 경쟁만 심했지 경쟁력 있는 사람이 만들어 지지 못한다면 고시는 아무 소용이 없다. 경쟁이 심하다고 해서 또 그런 경쟁을 뚫었다고 해서 경쟁력이 생길 것이라고 생각한다면 큰 오산이다.

여러 해 전부터 FTA 체결을 위해서 국가 간 협상 테이블이 마련되었다. 이런 협상에서 누가 국가를 대표해서 나서는가를 주목해 볼 필요가 있다. 그 결과 흥미로운 사실은 외무고시를 통과한 사람들만으로는 국가 차원의 협상을 진행할 수 없다는 것이다. 외국어는 물론 외교통상 분야의 지식을 다 갖춘 그야말로 전천후 글로벌 인재가 아니고서는 진행할 수 없는 내용이다. 이런 일을 과연 20대의 대부분을 고시원에서 보낸 우리나라 고시 출신 관료가 해낼 수 있을까?

여러 해 전에 국제적인 수준의 외교전문대학원의 교육과정을 볼 기회가 있었다. 최고의 외교관을 길러 내는 교육과정 속에 필수 과목으로 등장한 과목에는 골프, 볼룸댄스가 있었다. 골프는 그렇다 치더라도 댄스는 왜 그런가 하고 의문이 들었다.

외교관들의 업무라는 것이 때로는 치열한 공방과 전투적인 토론이 있지만 늘 그런 것만은 아닌 것 같다. 낮에는 공식회의나 토론회가 열리지만 저녁에는 만찬이나 파티가 열리기도 한다. 이때 깐느 영화제에 나가는 배우들처럼 남성 외교관들은 나비넥타이를 매거나 여성 외교관들은 멋진 드레스를 입고 함께 왈츠를 즐길 수 있다. 그리고 아마도 “아까 낮에는 왜 그렇게 거세게 몰아치셨어요? 좀 더 부드럽게 이야기 나눌 수 있는 사안이었는데” 하며 춤을 출 수 있다면? 아마도 그 다음 날 조금 더 부드러운 협상이 가능할지도 모른다.

만약 우리 외교관들이 국제 수준의 매너와 춤솜씨까지 갖추어야 한다면 아마도 현재의 고시는 없어져야 할 것이다. 이십 대의 대부분을 컴컴한 고시원에서 시험 준비를 한 젊은이가 갑자기 “마담 한 곡 추실까요?”를 외칠 것 같지 않기 때문이다. 더구나 중 · 고등학교 시절 역시 대입시를 위해 주말도 반납하고 시험공부를 했던 사람이라면 더더구나 힘들 것이다. 이제는 교육열의 내용과 품격을 바꾸어야 할 때이다. 더 이상 고시로 대변되는 소수의 선발지향형 교육열로는 세계 속에서 승부할 수 있는 전문인을 길러 낼 수 없다.

다행인지 사법고시는 역사의 뒤안길로 사라지고 로스쿨이 그 자리를 대신해 가고 있다. 일본은 얼마 전 행정고시의 틀을 바꾸었다. 다들 시대에 맞는 전문인 양성 시스템을 만들어 가고 있다.

청소년기 때 학력신장을 위한 교육은 물론 스포츠, 음악, 미술 활동 등도 충분히 즐기고 또 창의적이고도 비판적인 사고력을 길러 주는 교육을 받아야 한다. 그런 교육을 위해 열을 내고 또 개인적 · 국가적 차원의 관심을 불러일으켜야 한다. 새로운 교육열, 좀 더 품격 높은 교육열을 생성하지 않고서는 미래는 없다.

이제 교육열은 고시와 같은 곳을 향해 발산할 것이 아니라 창의성이나 비판적 사고력과 같은 보다 높은 수준의 내용과 연계될 필요가 있다. 특히, 미래사회의 특성을 생각해 볼 때, 교육열은 창의성이라고 하는 새로운 기름을 필요로 한다. 교육열에 창의성의 기름을 뿌릴 때, 우리의 교육열은 더 이상 입시열이니 고시열이니 하는 것과는 차원이 다른 영역으로 옮아갈 것이다.

04. 교육열의 유지 · 보수 : 평생교육을 향한 교육열

얼마 전 이어령 선생님의 특강을 듣게 되었다. 도저히 칠순을 넘긴 노인(?)이라고 볼 수 없을 정도로 정열적인 강의를 해 주셨다. 강의의 내용도 물론 좋았지만 젊은이들을 향해 자신만의 메시지를 던지는 그 모습 자체가 모두에게 존경과 감사의 마음이 일게 만들었다. 특별히, 그 나이에도 끝없이 읽고 쓰고 또 배워가는 그분의 자세 앞에 그분이야말로 교육열을 평생 동안 유지 · 보수해 온 분임을 발견하게 되었다.

고정되어 있는 시설에 대한 유지 · 보수를 하려고 해도 일단 시설물에 대한 정밀진단이 필요하다. 노후된 파이프만 교체하면 건물사용에 무리가 없는 것인지 건물이 너무 오래 되어서 균열이 가고 있는 것은 아닌지 또는 필요하다면 보강재를 덧대어 건물에 걸친 하중을 분산시켜 주어야 하는 것은 아닌지 등등. 그런가 하면 오래된 건물이기에 가지고 있는 매력을 잘 간직하면서도 현대건축의 장점을 살리는 방법 등에 대해서도 고민하게 된다.

사람의 교육열도 마찬가지이다. 나이가 들어도 쉼 없이 흘러나오는 배움에 대한 열정이 없을 리 없다. 얼마 전 어머니께서 한자급수 시험을 치렀는데 처음에는 칠순이 넘은 노인께서 굳이 급수 시험까지 보았을까 궁금하기도 했다. 어머니의 대답은 "목표가 있어야 공부도 더 열심히 하게 되는 법이야"라고 말씀해 주셨다. 유지 · 보수를 위한 목표가 제대로 설정되면 그 과정도 즐겁고

힘차다.

교육열은 입시열 정도로 치환될 수 있는 좁은 개념은 아니다. 그것은 이제 평생토록 간직하고 또 유지 · 보수해야 할 그 무엇이다. 그렇지 않으면 그것은 교육열이라기보다는 단기적인 열성정도로 봐야 할 것이다. 자신만의 교육 목표와 비전을 가지고 꾸준하게 노력해 가는 자세야말로 진짜 교육열이라고 할 수 있다.

여러 해 전에 신입사원을 선발하는 모기업의 회장이 "자격증 많은 사람은 선발하지 말라"는 엄명을 내렸다. 좋은 직장에 들어가기 위해 이런 저런 자격증을 많이 따려고 하는 요즘 젊은이들의 세태를 감안해 볼 때 뭔가 역방향으로 가는 지시였다. 무슨 일인가 알아보니 취업에 좀 유리할까 싶어 이런 저런 자격증이나 따려고 시간을 사용해 온 학생에게 무슨 큰 그림의 비전과 열정이 있겠느냐고 지적했다는 것이다. 다시 말해 자기만의 꿈과 비전의 성취를 위해 공부한 것이 아니라 단지 취업관문을 통과하기 위해 자격증 수집에 열성을 보인 것이라면 근본적인 교육열이 아니라 취업열 정도에 불과하다는 것이다. 그리고 그런 수준의 열정으로는 자신이 경영하는 기업의 재목으로는 불충분하다는 분석이었다.

이런 맥락에서 보면 직장에 들어가고 나서도 미래를 준비한다는 미명하에 주말을 이용한 각종 자격증 대비반이 성황 중인 것은 아이러니이다. 평생직장이 사라지고 언제든 이직을 위한 준비를 해 두어야 한다는 소리가 들려오는 세상이기에 그렇다. 그런데 다른 한편으로 생각해 보면 그만큼 현 직장에 최선을 다하는 자세, 혼을 바치는 태도와는 거리가 먼 행동이라고 볼 수 있다.

제대로 된 교육열을 가진 사람이라면 처음 입사할 때의 초심을 기억하면서 진짜 자기에게 필요한 능력이 무엇인지 살펴볼 것이다. 그리고 그 능력의 향상을 위해 어떤 공부가 필요한지 생각하고 자신이 부족하다고 느껴지는 부분에 대한 보완을 시도할 것이다. 즉, 끊임없이 리모델링을 시도하되 어떤 목표를 향해 나아가느냐가 중요할 것이다. 그렇지 않고 막연한 두려움 때문에 학원의 주말반을 기웃거린다면 교육열이 아니라 생존열에 가깝다 하겠다.

노후된 아파트 재건축에서 목표가 재산증식이라면 사람들은 20년밖에 안된 건물을 부수고 새로 지으려 한다. 그러나 쾌적한 공간 마련이 목표가 되면 리모델링을 생각하거나 녹지공간을 더 확보하기 위한 노력을 하게 된다. 적당히 용적률을 올려 재산가치를 증식하려고 하는 인식 때문에 많은 서민층이 고통을 받게 되듯이, 의미 없는 자격증 리모델링 정도로는 제대로 된 교육열이라 하기 어렵다.

05. 주변에 교육열 프로들로 가득 차게 하라

창의성을 평생 동안 연구했던 칙센트미아이는 창의성을 불태웠던 사람들에 대한 집중적인 연구를 통해 창의적인 사람들의 특성 중 개인적인 요소가 중요한 것이 아님을 밝혔다. 창의성을 가진 사람의 특성은 기발한 아이디어를 내놓고 뭔가 특별한 재능이나 번뜩이는 생각을 만들어 내는 타고난 재주가 아니라는 것이다. 그 보다는 창의적인 문화 속에 놓여 있었던 것이 중요 원인임을 주장했다. 창의적인 문화 속에 있는 사람은 창의적인 사람이 되고 그렇지 않은 문화 속에 들어 있는 사람은 창의적이지 못하게 된다는 아주 단순한 이야기이다.

지난 일년 동안 내가 무슨 아이디어를 말했는데 그것에 대해 "역시 000는 아이디어가 남달라"라는 말을 들어 본 적이 있는가? 또는 "이번 일에 000씨의 아이디어가 필요한데 뭔가 좋은 생각이 없을까?"라는 말은 어떤가? 만약 이런 식의 대화를 한 번도 나누어 본 적이 없다면 아마도 창의적인 문화가 아닌 곳에 있는지도 모른다. 시간이 지나도 새로운 생각과 아이디어를 매개로 한 대화가 진행되지 않는다면 나도 모르는 사이에 점점 그렇고 그런 생활을 하고 있는지 모른다.

창의성에 대한 이런 식의 분석은 교육열 분석에도 활용될 수 있을 것 같다. 일년 내내 내 주변에서 무언가 배우기 위해 또 가르치기 위해 새로운 아이디어를 내기 위해 몸부림치는 사람을 발견할 수 없다면? 또 내가 배우고 익히는 것에 대한 이야기를 했을 때 그에 대해 새로운 코멘트를 해 주거나 더 열정을 불러일으키는 말을 들어 본 적이 없다면? 아마도 나는 교육열이 없는 사람들 속에 들어 있거나 아니면 적어도 내 안의 교육열을 발산시키는 기회를 갖지 못한다고 볼 수 있다.

내 주변에서 교육열을 새롭게 불어넣어 주는 인물 중에 이우학교의 이수광 교장이 있다. 이 교장은 외부 특강을 갔다가 우연히 만나게 되었는데 나중에 이런 저런 이메일 교환을 하게 되었고 공동연구도 하게 되면서 서로에 대한 관심을 가지게 되었다. 그런 과정에서 한 가지 흥미로운 사실을 알게 되었는데 이수광 교장이 대학의 교수로 근무하다가 이우학교로 옮긴 이력이다. 우리나라 사회에서 대학교수 하다가 중등학교 교사로 옮겨간 사람은 이수광 교장이 유일하지 않을까 싶다.

왜 대학교수에서 고등학교 교사가 되었을까? 그것은 자기가 하고 싶은 일이 그곳에 있고 그만의 교육열을 그곳에서 발산하고 싶었기 때문이다. 또한 교수라는 간판에 휘둘리기보다는 자신이 오랫동안 추구했던 대안학교에 더 관심이 많았고 학생들과 함께 하면서 현장지향적 연구자가 되고 싶었기 때문이다. 그래서 그와 만나면 한쪽에 잠들어 있던 새로운 교육열이 되살아나는 느낌을 받곤 한다.

이 교장은 다른 교육기관에 비해 월급을 더 받거나 더 적은 양의 일을 하는 것도 아니다. 아마도 이 교장이 하는 일을 생각해 보면 그 반대에 가깝다. 더 많은 학생들, 더 많은 학부모들과 끊임

없이 대화하면서 때로는 과로의 공포에 휩싸이기도 한다. 그래도 그곳이 좋으니 계속 그 일을 할 뿐이다.

교육열을 제대로 발휘하기 위해서는 제대로 된 프로들과 만나야 한다. 그리고 그들로 하여금 내 아이의 진짜 잠재력과 적성을 파악하도록 하고 그 결과에 겸허하게 승복해야 한다. 이런 과정 없이 학부모가 세상 돌아가는 눈치나 보면서 신문에 등장하는 다른 사람들의 방법을 모방하기만 한다면 그 집 아이의 미래는 어두울 것이다. 그래서는 교육열이고 뭐고 그저 입시 장사꾼들의 농간에 놀아날 뿐이다.

06. 대학은 교육열을 승화시킬 준비가 되어 있는가?

지금까지 교육열의 수렴점은 대학입시였다. 그저 초등학교 시절부터 소위 명문대학에 가기 위한 목표 아닌 목표를 향해 돌진해 왔다. 학생들이나 학부모, 교사들까지 모두 좋은 대학에 가기 위한 온갖 노력을 경주해 왔다.

그런데 그렇게 엄청난 시간과 에너지를 소모하여 도착한 대학은 어떤 곳인가? 학생들 각자가 나름대로 열을 내며 자기 자신을 달구어 가며 도착한 대학은 그들의 교육열을 좀 더 제대로 된 열로 승화시키도록 하는데 얼마나 노력을 하고 있는 것인가? 말로는 세계100대 대학 진입이니 글로벌 교육이니 떠들어 대지만 정작 학생들의 교육열을 새롭게 발견하며 유용하게 발전시켜 주고 있는 대학이 있는가?

먼저 좋은 학생들을 알아낼 능력이나 있는 것일까? 요즘 들어 학생들의 수능점수가 아닌 잠재력을 보고 선발하는 다양한 입시 전형이 마련되었다. 특히, 최근에 시작한 입학사정관제는 그 대표적인 발상이다. 즉, 수능점수 몇 점에 일희일비할 것이 아니라 학생의 진짜 잠재력을 보고 선발하자는 것이다. 사교육 때문에 늘어날 대로 늘어난 고무줄이 아니라 이제부터 진짜 자신의 능력을 늘여나갈 진짜 생고무형 인재를 발견해 보자는 취지라 하겠다.

그런데 그 선발방식의 주된 접근은 면접이다. 학생들과 직접 얼굴을 맞대고 이런 저런 질문을 던지면서 그 학생의 숨어있는 잠재력을 분석해 내는 과정이다. 이를 위해 전문적인 경험과 자질을 가진 입학사정관을 선발하고 기존의 교수들도 훈련을 시켜서 제대로 된 인재를 선발하려고 노력하자는 것이다.

문제는 입학사정관도 그렇고 기존 교수들이 그런 능력 혹은 눈을 가지고 있는 것인가 하는 점이다. 이 글을 쓰는 필자도 학력고사 세대로 초등학교부터 그저 사지선다형 시험만 치러서 여기까지 왔다. 청소년시절 논술이라는 것을 해 본 적도 없고 교사의 첨삭식 수업을 더더구나 경험해 본 적이 없다. 그런 교수들이 과연 지금 신세대들의 글을 읽고 창의적인 사고력을 평가하거나 면접을 통해 그들의 숨은 잠재력을 알아낼 수 있을까? 아마도 쉽지 않을 것이다.

어렵게 받아들인 인재들에 대한 교육은 또 어떠한가? 요즘 들어 교수학습센터를 만들어 교육의 질을 올리려는 노력을 하고는 있다. 그러나 대다수의 교수들은 강의의 질과 관련해서는 책무성이 없는 시스템 속에서 살아왔다. 즉, 강의를 어떻게 하든 그것은 교수의 재량이지 학교나 학생들이 왈가왈부할 성격이 아니라는 생각을 해 왔다.

많은 이들이 가장 심각한 교육문제는 고등교육이라고 한다. 고등학교까지는 학부모들의 열성과 노력에 의해 어떻게든 학생들을 끌고 간다. 그래서 학생들의 성취는 학교효과가 아니라 학생효과라는 말도 한다. 즉, 학교교육의 효과보다는 학생들 본인의 열성과 노력 그리고 그 학생 부모의 배경요인이 학생의 성취도에 더 큰 영향을 준다는 견해이다.

대부분의 학생들이 대학에 진학하는 현 상황에서 과연 대학은 경쟁력이 있는 것인지 의문이다. 스위스 국제경영개발원(IMD)의 2008년 세계경쟁력 연차보고서에 따르면 한국 대학교육은 55개 대상국 중 53위를 차지했다. 최근들어 국외기관에서 조사하는 평가결과를 보더라도 세계 100대 대학에 들어가는 경우는 찾아보기 힘들다.

지금까지 대한민국 사회는 사회생활을 시작하려는 젊은이의 잠재력을 대학졸업장 이외의 것으로 평가해 본 경험이 없다. 어떤 대학의 무슨 과를 나왔는가가 그 젊은이가 가진 특성의 대부분을 설명이라도 할 것처럼 눈여겨보았다. 다른 특성에 대해서는 별다른 관심을 보이지 않았다.

그렇게 선발된 사람들이 보여준 경쟁력은 90년대 이전까지의 경쟁력을 만드는데 기여했다. 그리고 그 힘은 소위 부모들의 교육열에서 비롯되었다 해도 과언은 아니다. 설사 돈이 많이 든다 하더라도 내 자식의 미래를 위해서라면 기꺼이 희생했던 부모세대들의 교육열이 오늘을 만든 것이다.

그런데 그런 식의 교육열은 이제 필요하지 않으며 오히려 방해요소가 되고 있다. 남들과 벌리는 점수경쟁, 과외를 해서라도 대학에 가기, 여가생활을 즐기지 못한 청소년기, 외국어를 제대로 배우지 못한 학교생활, 그리고 인간관계를 통해서 리더십을 배우지 못한 성장과정을 통해서는 세계 속에서 경쟁력을 갖추기 힘들다. 전통사회형 교육열에서 벗어나 새로운 진짜 교육열을 찾아 나서야 할 시점이다.

07. 더 이상 추격자 모형으로는 안 된다

한국은 더 이상 과거 오랜 세월동안 유지해 왔던 추격자 모형을 버려야 한다. 선진국들이 더 이상 관심을 가지지 않는 기술을 싼 값에 사와 싼 인금을 바탕으로 노동집약형으로 만들어 수출하는 모형으로는 더 이상 세계시장에서 설 자리가 없다. 이미 이런 식의 모형은 중국을 비롯한 후발주자들에게 그 자리를 빼앗겨 버렸다.

강남의 아파트 값이 왜 그리 높을까에 대해 소위 학군이 좋다는 식의 답을 해 왔다. 이 때 학군이 좋다는 말의 실제 의미는 수많은 학원들이 학교 근처에 인접해 있고 상대적으로 지역사회 및 부모들의 경제적인 여건이 좋다는 식의 해석도 있었다. 그래서 그런 환경에서 공부를 하면 아마도 좋은 대학에 가는데 유리할 것이라는 기대감이 부동산 가격을 올리게 만들었다.

그런데 이런 식으로 진학한 인재들이 누렸던 혜택은 이제 한국 사회에서 서서히 사라져 가고 있다. 좋은 대학을 가서 대기업에 입사하거나 혹은 소수의 인원만 선발하는 각종 고시에 합격하는 식의 진로가 더 이상 우리에게 의미 있는 경로일까? 그렇게 해서 사회에 진출한 수많은 인력들이 지금도 소위 경쟁력을 유지하고 또 경제적으로나 사회적으로 상대적으로 높은 지위를 누리고 있는가?

이미 세계 여러 나라의 기업과 인재들과 경쟁하는 상황에서 과거 식의 상대적인 경쟁력은 큰 의미가 없다. 자기만의 경쟁력, 남들이 하지 못하는 일을 해내는 절대적인 의미의 경쟁력이 필요한 세상이다. 바로 창의적인 인재가 필요한 시대이다.

추격자에게는 없지만 진짜 교육열을 가진 사람에서 발견되는 특성은 무엇일까? 나는 유머감각을 들고 싶다. 자신이 무엇을 해야 할지 잘 알고 자신만의 교육열정을 불태우는 사람은 빡빡한 일정 속에서도 유머감각을 발휘하곤 한다. 그것이 간단한 인사말이든 사실관계를 요약하는 것이든 뭔가 새로운 면을 찾아내고 남들이 보지 못한 측면을 자신만의 언어로 표현한다.

그러나 추격자에게는 유머감각이 없다. 그저 빨리 넘어가야 할 고지만이 눈에 들어오고 마치 사선을 넘듯이 뛰어갈 뿐이다. 그런 사람에게 마음의 여유가 있을 리 없고 주변의 사람들을 살피고 배려할 여유가 없다. 이런 상황에선 유머가 나올 수 없다.

해외 학회에 참석해서 유명인사의 발표를 듣다 보면 빠지지 않고 등장하는 것이 유머다. 그 유머는 그저 실없는 농담이 아니고 무슨 유행어를 떠들어 대는 것도 아니다. 그날 말하려고 하는 내용의 핵심을 꿰뚫으면서 청중의 입장을 이해한 사람만이 말할 수 있는 유머다. 그런 유머를 통해 발표자만이 가지고 있는 자신감과 열정을 느낄 수 있다. 오랜 기간 동안 관찰하고 탐구해 공부의 내공이 느껴지는 순간이기도 하다. 바로 진짜 교육열을 가진 사람만이 보여주는 특성이라 하겠다. 진짜 교육열은 유머를 만들어 낸다.

III.

진짜 교육열을 찾아서

01. 진짜 교육열 찾기 : 교육열 가치주를 찾아서

펀드투자자 중 가치투자를 표방하면서 많은 이들의 주목을 받는 사람들이 있다. 그 중에서 이채원 부사장이 있는데 그는 자신의 저서 〈가슴 뛰는 기업을 찾아서〉에서 정말 사고 싶은 주식, 그러면서도 평가절하되어 있는 주식을 찾기 위해 동분서주하고 있음을 밝힌다. 그리고 그런 가치주를 발견했을 때는 다른 주식을 팔아서라도 매입한 후 제대로 된 가격을 받을 때까지 기다린다고 한다. 그래서 가치투자는 발품도 팔아야 하고 또 인내심을 요하는 방법이라고 말한다.

이와 반대되는 투자는 소위 모멘텀 투자라는 것이다. 소위 트랜드니 테마니 하는 것을 찾으며 상승무드에 있는 주식을 바닥에서 사서 꼭지에서 파는 전략을 구사하기도 한다. 그런데 문제는 무엇이 트랜드고 또 주력 테마인지 그리고 어디가 바닥이고 꼭지인지 안다는 것은 매우 어려운 일이다. 그래서 이런 식의 임기응변형 투자가 아니라 기업의 내재 가치를 분석하고 평가하는 가치투자가 논리적으로는 매우 설득력 있게 들린다.

문제는 기업의 내재가치를 어떻게 알 수 있는가 하는 점이다. 그리고 그렇게 알아낸 가치를 토대로 남들이야 뭐라 하던 긴 안목으로 기다릴 수 있는가 하는 점이다. 이 두 가지 측면에서 보면 교육에 대한 투자도 다르지 않은 것 같다. 다들 이런 이런 전공이 뜬다. 또 이런 이런 식으로 대비해야 명문대를 갈 수 있다는 식의 테마들이 떠돌아다니곤 한다. 그리고 그런 테마에 대비한 준비를 우리 학원에서 하면 잘 된다는 식의 홍보물이 넘쳐난다. 정말 그 정보들을 신뢰할 수 있을까?

지금 투자해서 오랜 기간 동안 지켜봐 주고 또 물과 비료를 주면서 격려해야 할 우리 아이만의 가치는 무엇일까?

– 진짜 교육열 찾기 1 : 호기심을 자극하는가?

예전에 대학원 석사과정에 진학하던 때의 이야기다. 교수님들의 질문이 "왜 잘 다니던 공과대학 놔두고 이곳에 진학하려고 하나요?"였는데 이에 대한 나의 대답은 "인간에 대한 참을 수 없는 호기심 때문에"였다. 잠시 어색한 침묵이 흘렀다. 너무 철없고 소년같은 마음만 있던 시절의 이야기다. 그러나 지금도 내 홈페이지에는 "인간에 대한 참을 수 없는 호기심을 가진 자는 오라"고 적혀 있다.

– 진짜 교육열 찾기 2 : 설레임이 있는가?

고 정주영 회장은 다음 날 할 일을 생각하면서 잠을 자고 새벽에 오늘 할 일에 대한 설레임으로 하루를 시작했다고 한다. 자신이 할 일에 대한 설레임을 가지고 있는 사람이 과연 얼마나 될까? 하물며 자신이 오늘 하게 될 공부 때문에 설레이는 마음으로 자리에서 일어나 학교 갈 준비를 하는 학생이 몇 명이나 될까?

그런데 소위 공부해서 일가를 이룬 사람들을 보면 대개는 이런 류의 설레임을 간직한 사람들이었다. 굳이 설레임까지는 가지 않

더라도 배우고 익히는 데 기쁨을 느꼈던 사람들이다. 아마도 세계 역사에서 이 부류에 가장 근접하는 사람은 공자일 것이다.

– 진짜 교육열 찾기 3 : 부산한 것이 아니라 진짜 바쁜가?

성공한 사람들은 부산하지 않고 자신만의 리듬을 가진 자들이었다. 교육에 있어서도 예외는 아니다. 다 자기식의 강점을 더 강하게 만들면서 자기 나름의 리듬을 타고 공부에 집중했다. 이와 반대의 경우는 늘 뭔가 쫓기는 듯하면서 부산한 나날을 보내는 사람들이다. 그러면서도 "왜 이리 바쁘지?"를 연발하면서 매일 매일 부산한 삶을 사는 사람들이다.

– 진짜 교육열 찾기 4 : 교육열인가 입시열인가?

진짜 교육열을 가진 사람은 고등학교 이후를 생각하면서 교육에 투자하지만 입시열을 가진 사람은 대학 진학 이후에 대한 계획은 없다. 당장 눈앞의 관문을 통과하는 것만 중요할 뿐이다.

학원비를 내면서 무슨 생각을 할까? 아이들은 자기가 낸 돈으로 학원강사들이 먹고 산다고 생각하기에 강사를 고용인의 관점에서 본다. 선생님이나 스승으로 대하기 어려운 이유가 여기에 있다. 고용비용이라고 생각하면 입시열이요 가르침을 받은 것에 대한 감사함의 표시라 생각하면 교육열 비용이다.

– 진짜 교육열 찾기 5 : 머리만 쓰지 않고 몸도 쓰는가?

운동도 안하고 하루 종일 컴퓨터 게임이나 하면서 보내는 젊은이의 경우 퇴행성 디스크를 앓기도 한다. 심지어는 십대의 경우도 있다고 하니 나이만 젊은이지 몸은 늙은이인 경우가 많다. 몸을 쓰지 않고 머리만 굴린다면 진짜 교육열은 아닐 것이다.

몸으로 배우는 교육열이 필요하다. 그것은 몸에 배게 하는 습관의 형성이요 한번 배우면 잘 잊어버리지 않는 교육이다. 아마도 일찍 자고 일찍 일어나기, 자기 몸을 잘 닦고 소중히 하기, 건강을 지키기 위해 운동하고 체력을 기르기 등은 몸으로 익혔어야 할 내용이다.

지덕체라는 말은 귀에 따갑게 들어 왔지만 그런 교육은 받아보지는 못했다. 그리고 그것의 부조화가 어떤 부작용을 가져오는 것인가에 대해서도 잘 알지 못했다. 이제 그 부작용의 여파가 우리를 덮치고 있다.

02. 불안을 시간투자와 바꾸지 마라

뭔가 열심히 그것도 많은 시간을 투자하면 좋은 결과가 생길 것이라는 믿음이 있다. 본고사가 있던 시절에는 4당5락이라는 말로 학생들이 공부에 더 매진하도록 독려(?)하곤 했다. 정말 4시간 자면 대학입시에 성공하고 5시간 자면 시험에 떨어졌는지는 잘 모르겠다. 그러나 그런 식으로 교육의 결과를 학생이 잠을 줄여가면서까지 투자한 시간의 함수로 환산하는 것은 참으로 미련스럽기 그지없는 행동이다.

그런데 놀라운 사실은 지금도 많은 학부모들이 자녀들의 공부와 관련해서 시간을 많이 투자하면 좋은 결과가 생길 것이라는 믿음을 가지고 있다. 밤늦게까지 보충수업을 하고 새벽에 학원수업을 마치고 돌아오는 아이를 마중 나가는 행동을 생각해 보라. 안 그래도 피곤한 생활을 하는 우리 청소년들이 정말 새벽까지 공부를 해야만 하는 무슨 절박한 이유가 있을까?

예전에 그렇게 4당5락의 정신으로 대학에 진학했던 많은 선배들 중에서 세계적인 성취를 이룬 사람이 얼마나 될까? 오히려 그 사이에 세상은 변해서 잘 다니던 하버드 대학마저 중퇴하고 뛰쳐나온 빌 게이츠 같은 사람이 더 영향력을 발휘하는 때가 아닌가? 엉덩이 무거운 놈이 이기던 시절은 지나갔는데도 자신들의 경험(?)에 기초하여 아이들의 미래를 재단하고 있는 것은 아닌지 모르겠다.

더구나 그런 식의 투자가 어떤 목표를 향해 가는 것인지에 대한 설정마저 없다면 이는 너무나 어처구니없는 교육열이다. 아니 교육열이 아니라 그냥 자신이 믿고 있는 그 무언가를 아이들에게 강요하는 아동학대에 가깝다고 봐야 할 것이다.

중요한 것은 시간의 양이 아니라 시간의 속도다. 아이에게 열심히 하라고 강요하는 부모들은 현재 직장에서도 늘 야근을 하면서 시간이 없다고 입버릇처럼 말하는 사람은 아닌지 모르겠다. 자기 자신이 늘 시간에 쫓기면서 살아가고 있기에 또 그렇게 하지 않으면 경쟁에 뒤쳐진다고 믿고 있기에 아이들도 그렇게 살아야 한다고 믿는 것은 아닐까? 아마도 그 집의 아이는 나중에 취직해서 또 시간이 없다고 너무 바쁘다고 하면서 야근을 하고 집에 늦게 들어가는 사람이 될지도 모른다.

〈모든 일에 마감시간을 정하라〉의 저자 요시코시 코이치로는 부족한 것은 시간이 아니라 일의 속도임을 주장하고 있다. 그는 "바보들은 걸핏하면 야근을 하면서 불평을 한다"고 지적한다. 주어진 근무시간을 최대한 효율적으로 활용하지 않으면서 습관적으로 야근을 하면서 시간이 없다고 또 회사를 위해 자신이 헌신하고 있다고 믿는다는 것이다. 그러면서 정작 근무시간의 집중도는 떨어져서 결과적으로 생산성은 올라가지 않음을 지적한다. 당연히 가정에서 쉬는 시간도 없어지고 가족과 대화할 시간마저 사라지는 악순환을 반복하게 된다.

우리네 학생들도 이와 비슷한 삶을 살고 있는 것 같다. 정작 집중해야 할 학교수업 시간에는 딴 짓을 하거나 자고 충분한 휴식을 취해야 할 시간에는 학원에 가서 공부하고 있으니 말이다. 그러면서 새벽에 돌아오는 아이를 맞이하는 부모들 역시 공부하느라 고생이 많다고 위로하고 있다. 이것은 분명히 잘못된 것이고 교육열도 아니고 그냥 스스로에 대한 무책임한 행동들의 반복에 가깝다.

물론 그렇게 하는 사람들도 이유는 많이 있다. 학교수업의 질이 좋지 않아서 교사의 질이 학원강사의 질보다 떨어져서 등등. 그러나 학생 한 명 한 명 삶의 질을 생각해 보면 이는 분명히 불행한 삶이다. 그리고 그런 식으로 시간을 투자한다고 해도 좋은 열매를 맺기 어렵다는 것이다.

예전에 학교에 다닐 때 선생님들은 "너희들 마음 잘 안다. 마음에 안 들고 고통스럽고 왜 이런 삶을 살아야 하는지도 이해하기 힘들 것이다. 그러나 이 시간을 참고 견뎌야 한다. 그러면 나중에 왜 내가 이런 식으로 너희들을 몰아쳤는지 이해하게 될 것이다." 자신의 언행을 믿어 달라고 외치면서 또 언젠가는 오히려 나에게 고맙다는 말을 하게 될 것이라는 예언성 발언도 했다.

이제 이런 식의 아이디어는 더 이상 통용되기 힘든 세상이 되었다. 설사 그런 식으로 자기 자신을 조절하고 참아가며 대학에 진학했다 하더라도 기업이 그런 인재를 받아들일 수가 없다. 세계 여러 나라의 인재들과 경쟁을 해야 하는 지금의 세상에서 그렇게 바보같이 참아가면서 억지로 공부한 인재들을 데리고 할 수 있는 전쟁이 아니기 때문이다. 전혀 다른 인재를 원하고 있기 때문이다.

우리의 교육열은 이제 이런 변화를 이해하고 새롭게 적응해야 한다. 더 이상 입시열의 맥락에서 벗어나지 못하면서 그저 참고 견디면서 대학은 가야 한다는 목소리가 학생들에 귀에 들어가게 해서는 안 된다. 그러기에는 이제 부모세대들이 경험한 대학생활은 너무나 낡은 것이 되었고 세상은 이미 저만치 달아나고 있기 때문이다. 교육열은 정말 교육에 대한 진정한 의미의 열정이어야 한다. 미래지향적이고 세계로 열린 교육열이어야 한다. 교육열도 계속 진화되어야 한다.

03. 교육열은 가족 속에서 탄생하고 성장한다.

우리 동네 아이들 중 학습지나 사교육을 받지 않는 경우가 없다. 그런데 유독 우리 집만 그 흔한 학습지 하나 시키지 않고 있다. 첫째 아이가 한글을 공부하고 싶다며 사교육기관에서 하는 학습지 구독을 원했을 때 나는 단호히 거절하며 한글은 엄마 아빠한테 배우라고 말했다.

아이는 한글의 모양과 음을 읽힌 다음 빵봉지 글자도 보고 집안에 있는 책표지의 제목을 읽기도 했다. 나중에 동네 언니 오빠들한테 물어 보기고 하고, 언니 오빠들은 자신들이 가르칠 동생이 생긴 것을 기뻐하며 열심히 한글공부를 도와 주었다. 물론 아빠보다는 엄마가 더 많은 시간을 할애하여 중간중간 복습도 시키고 반복학습을 도와 주었다. 결국 수많은 사람들의 관심과 직 · 간접적인 조력을 바탕으로 한글을 배울 수 있었다.

그랬던 첫째 아이가 요즘은 둘째 아이 한글을 가르치고 있다. 자기가 선생님이라며 숙제도 내곤 한다. 둘째 아이는 누나한테 한글을 배우는 것이 재미있다며 열심히 따라 하고 있다. 아마도 내년쯤이면 더듬더듬 책제목을 읽어 갈 것 같다. 자기 누나가 그랬던 것처럼 말이다.

우리 동네에서 학습지 한번 안하고 한글을 익힌 경우가 없기에 모두들 대단하다고 말하곤 한다. 특히, 학습지 수를 늘리려 하면 동네 아빠들은 학습지 한번 안하고도 잘 하는 아이도 있는데 왜

자꾸 돈을 들이는 방법만 생각하느냐며 소리를 치기도 한다.

필자는 장남이고 그 당시에는 학습지도 없었기에 어머니한테 꿀밤을 먹어 가며 한글을 배웠던 기억이 있다. 지금도 그 때 일을 기억하며 대화의 소재로 삼기도 한다. 그것은 단순한 어릴적 기억이 아니라 배우고 익히는 과정을 부모와 함께 할 수 있었던 것에 대한 감사의 그 무엇이다. 그리고 그 속에 교육열이 있었다. 한글은 당연히 배워야 한다는 당위적인 행동이기도 했지만 첫 번째 기초적인 배움을 부모가 당연히 해야 한다는 생각 역시 스며 있었다.

교육열은 허공에 떠 있는 것도 아니고 대학입시준비와 같이 어떤 목적적인 행위와만 관련되어 있는 것은 아니다. 오히려 아주 가까운 곳에 자리하며 그것도 아주 어려서부터 친근한 가족관계 안에서 발생하고 시작한다. 가족 안에서 함께 배우고 깨치는 과정이 있고 그것이 지속될 때 교육열은 중장기적인 화력을 가지게 된다. 즉, 금방 타버리고 마는 짚단이 아니라 오랜 시간 동안 열기를 내뿜으며 타는 소나무 같은 그런 열기 말이다.

유대인들도 중요한 가르침(토라[1], 경제적인 상식, 몸에 밴 기도생활)은 결국 가족 간의 교류를 통해 배운다. 특히, 아버지가 직접 모범을 보이면서 가르치는 것이 일반적이다. 직업과 관련된 부분도 아버지를 통해 배워 결국 대물림하는 경우가 많다고 한다.

가족 안에서 탄생한 교육열이 가족의 효율성만 조금 더 높일

---

1) 토라는 구약성서의 첫 다섯 편으로, 곧 창세기, 출애굽기, 레위기, 민수기, 신명기를 말한다. 흔히 모세오경이나 모세율법이라고도 하며 유대교에서 가장 중요한 문서이다. 히브리어로 "가르침" 혹은 "훕"을 뜻한다.

수 있다면 굳이 사교육을 받지 않고도 더 좋은 교육을 할 수 있을 것이라 믿는다. 이 믿음이 약할 뿐인 것이지!

막상 아이들에게 사교육도 하지 말고 저녁 시간에 자신만의 시간을 가지라고 했을 때 어떤 일이 벌어질까? 아마도 상당수의 아이들은 어려운 시간이 될지도 모른다. 그것은 그동안 그렇게 시간을 사용해 보지 않았기 때문이다.

사교육 시장에서 물러난 아이들이 뭔가 의미 있게 시간을 쓸 수 있도록 도와 주어야 한다. 부모세대들도 알고 보면 이런 경험이 없는 사람들이다. 일찍 퇴근해 와서 텔레비전이나 보는 수준이라면 아이들에게 의미 있는 시간활용에 대해 모범을 보이기란 쉽지 않다.

결국 진정한 의미의 교육열을 태우기 위해서는 가족 차원의 노력과 계획이 있어야 한다. 함께 책도 읽고 여행계획도 세우고 즐길만한 취미나 대화의 주제도 개발해 보아야 한다. 그럴 때 가족 단위의 교육열 효율성이 올라가고 시너지 효과라는 것도 발생할 것이다. 아이만 무언가를 독자적으로 잘 할 수 있으리라는 기대는 버리는 것이 좋을 것이다.

이렇게 볼 때 교육열은 가족단위로 이해되고 또 가족단위로 업그레이드된다는 원칙이 발견된다. 특히, 부모의 말(예 : 공부해라)이 아니라 부모의 행동(예 : 쉬는 날 TV앞에 앉기 vs. 책을 읽는 모습)에 따라 아이들의 교육열도 달라질 수 있다.

04. 단기적 잔머리 교육열은 버려라

삼성의 경우 이사진의 구성을 출신대학 별로 보면 생각보다 매우 다양한 모습을 보인다. 이는 우리나라가 학벌사회라는 인식을 수정하는 데 큰 기여를 했다. 즉, 세계 최고 수준의 인력을 확보하고 전 세계를 대상으로 경쟁하는 삼성과 같은 기업 안에 생각보다 학벌의 위력은 크지 않다는 것이다. 이미 능력 위주의 인력구조가 자리하고 있는 것이다.

이미 글로벌 기업인 삼성의 경우만 보더라도 창의적이고 비판적인 사고력을 지니지 않으면 견디기 힘든 구조이다. 입사 시 좋은 학벌이 약간의 우위를 줄지 몰라도 일단 입사하고 나면 좋은 대학을 나왔다는 사실이 큰 무기가 될 수 없다. 끝없는 자기계발과 노력만이 지속적인 성장을 약속할 뿐이다.

이런 맥락에서 보면 이제는 잔머리 굴리는 수준의 교육열로는 큰 승부를 할 수 없다. 어려서부터 학습지로 시작하여 학원을 전전하는 교육, 또 이를 지원하기 위해 열심히 벌어온 수입의 대부분이 사교육비로 나가는 구시대적 교육열 구조로는 변화하는 세상 속에서 살아남을 수 없다. 이제는 어려서부터 어떤 교육열을 고려할 것인가에 대한 발상의 전환을 요구한다.

과거 대학진학을 통해 소위 학벌이라는 것을 만들고 그에 의존해서 살던 시절이 있었다. 지금도 그러한 영향력에서 완전히 벗어났다고 말할 수는 없지만 지금은 자신만의 경쟁력, 열정, 창의력,

문제해결력 등이 중요한 시기이다. 이러한 능력 없이 학벌만 갖춘 사람은 기업에서도 환영하지 않는다. 화이트칼라가 해야 할 일이 자신들이 잘 아는 사람에게 줄을 대고 권력의 정점에 있는 사람들에게 로비를 하는 일이 아니기 때문이다. 총성 없는 국제전쟁에서 진짜 경쟁력 있는 아이디어를 내 놓아야 하기 때문이다.

대학에 가는 것을 목표로 하는 사람이라면 진정한 교육열이 없는 사람이다. 아주 제한된 입시열을 가지고 단기간 동안만 유효한 목표에 집착하고 있기 때문이다. 입학하고 나서가 더 문제이기 때문이고 졸업하고 나서는 더 큰 문제가 닥칠 것이기 때문이다. 그래도 좋은 대학 간판이 있어야 하지 않겠느냐고 묻는 사람이 있을지도 모르겠다. 아마도 약간의 도움이 될지는 모르겠다. 그러나 이제는 대학졸업장이 짐이 되는 시대가 도래했다. 요즘 그 수가 늘어가고 있는 젊은이들의 실업이 그 좋은 예이다. 입시교육열 너머의 진정한 교육열이 필요하다.

교육에 대한 열의 내지는 열정을 말하기에 앞서 그 교육열의 담지자인 부모와 학생에 대한 분석이 필요하다. 자기가 누구인지 모르고 또 미래설계에 대한 자신감이 없기에 입시에만 매달리는 것은 아닐까? 내가 더 창의적이고 문제해결력이 뛰어난 사람이 되고자 한다면 고등학교 시절 새벽까지 학원가를 전전할 것이 아니라 자신이 하고 싶은 취미활동도 열심히 할 필요가 있다. 또한 관심분야에 대한 꾸준한 독서와 관련인사와의 네트워킹도 형성해야 한다. 요사이는 이런 학생들을 더 잘 알아보고 그들의 잠재력을 제대로 평가해 보자는 소위 입학사정관 제도가 생기지 않았는가?

필자가 미국에서 유학생으로 또 교수로 생활한 경험을 통해서 보면 한국학생들은 너무 잔머리 굴리기에 능하다는 것이다. 그리고 그 잔머리는 대개 중 · 고등학교 시절에 시험공부를 준비하던 경험에서 나온 것으로 판단된다. 시험 족보를 찾고, 가장 빠르고 쉽게 답을 찾기, 졸업을 빨리 하는 방법 등등.

단기간으로 보면 공부의 효율을 올리는 방법이 될 수 있다. 그리고 대부분 빨리 졸업하고 귀국하는 것을 목표로 했기에 그런 관점에서 보면 나무랄 데 없는 방법이다. 그러나 이런 식의 접근이 졸업시험을 볼 때 까지는 통할지 몰라도 뒤이어 전개되는 논문작업에서는 잘 통할 리 없다. 자기 나름의 창의적인 작품을 만들어 내야 하기에 그렇다.

많은 미국 교수들이 동일한 지적을 했다. “한국학생들이 비록 영어가 짧고 발표력이 떨어지기는 해도 시험도 잘보고 성실한 자세를 보여서 좋았다. 그러나 논문작업에 들어가면 갑자기 그간의 실력이 다 사라진 것 같은 느낌을 받을 때가 있다.” 한국식 교육의 밑천이 다 들어나는 순간이다.

05. 교육열은 밥상머리 기초교육에서부터

얼마 전 첫째 아이가 다니는 초등학교 교실에 급식 도우미를 다녀왔다. 말로만 듣던 급식도우미였는데 대개는 엄마들이 오는 지라 아빠인 나를 아이들이 신기한 듯한 눈초리로 쳐다보곤 했다. 다른 엄마들처럼 앞치마를 두르고 열심히 배식해 주었다. 혹시 밥을 남길까봐 “이정도면 되겠니”를 연신 외치며 밥과 국을 떠 주었다.

밥을 다 먹고 정리하는 시간이 되었는데 아이들의 상당수가 밥과 반찬을 남겨 와서는 잔반통에 집어 넣었다. 어떤 아이들은 거의 반 이상을 남겨 와서 눈살을 찌푸리게 했다. 그래서 함께 한 분들에게 왜 이렇게 밥을 많이 남기느냐고 질문을 하니 “오늘은 많이 준 거예요”라는 대답이 돌아왔다. 그러다가 딸아이의 차례가 되어 식판을 쳐다보니 놀랍게도 아주 깨끗했다. 그래서 신기한 듯 쳐다보면서 밥을 다 먹어서 좋다고 칭찬을 했더니 “우리 ○○○ 어린이집 다닌 친구들은 다 잘 먹어요”하고 소리쳤다.

아이의 설명을 들어 보니 잔반을 많이 남기느냐 아니냐는 어디 어린이집 혹은 유치원을 나왔느냐에 따라 다르다는 것이다. 즉, 그 기관에 다닐 때 아이들이 밥을 안 먹고 편식을 하는 것에 대해서 제재를 가하거나 채소류도 열심히 먹이려고 얼마나 노력했는가가 초등학교 급식시간에 드러난다. 다시 말해 편식예방과 밥 잘 먹기에 얼마나 열성을 쏟았는지는 여러 해에 걸쳐 누적된 효과가 초등학교 입학 이후에 나타난다. 오랜 기간 동안 형성된 식습관이기에 금방 바뀌기도 어렵고 아마도 초등학교 입학 이후에 고치기는 쉽지 않을 것이다.

적어도 아이들의 식습관 형성과 관련된 교육열은 그리 높아 보이지 않는다. 아이들이 투정을 부리거나 먹지 않겠다고 버티면 많은 엄마들이 포기하는 경우가 많다. 그런데 아이들의 올바른 식습관 형성에 대해 얼마나 열정을 가지고 노력했는지 다시 한 번 생각해 볼 일이다. 만약 학습지를 빼 먹거나 학원을 하루 가지 않았다면 많은 엄마들이 아이들을 닦달하지 않았을까 싶다.

이렇게 형성된 식습관은 단순히 초등학교 급식시간의 문제로 끝나지 않는다. 제때에 제대로 된 식사를 못하고 인스턴트 음식이나 간식 등에 입맛이 들어 버린 아이들은 시간이 흐를수록 건강에도 문제가 생길 수 있다. 나아가 요즘 들어 점점 더 심각해지고 있는 소아비만과 같은 문제로까지 발전할 수 있다. 당연히 체력이 저하하거나 면역력이나 지구력 등도 떨어지기 십상이다.

유아기부터 시작되는 대부분의 프로그램은 결국 십여 년이 흘러가 그 효과가 나타난다. 부모가 유아기나 초등학교 시절에 강조하는 내용들은 청소년이 중후반부에 가서야 그 효과를 서서히 드러낼 확률이 높다. 미국에서 국가차원에서 저소득층 유아들을 대상으로 실시한 헤드스타트 프로그램의 경우도 그 효과는 청소년기에 가서야 나타난다는 연구결과가 있다. 이러한 결과는 조기교육의 효과에 대한 해석을 새롭게 해 준다.

아이들 식생활 지도에 대한 교육열 발휘와 관련해서 한 가지

강조할 부분은 아버지의 역할이다. 소위 밥상머리 교육에서 잔소리를 늘어놓거나 이런 저런 훈계를 하기에 앞서서 아이들이 기본 생활 형성이 되고 있는지를 점검해 보아야 한다. 그리고 이 일을 엄마들에게만 맡길 일이 아니라 아버지들이 더 나설 일이다. 그리고 아이들과 함께 뛰어노는 시간을 통해 체력을 키워 주는 일 또한 신경 써야 할 일이다. 건강한 아이가 될 수 있도록 배려하고 체력을 키워 주는 일이야말로 부모가 교육열을 발산해야 할 부분이다.

결국 부모의 교육열 발산은 어떤 교육에 초점을 맞추고 힘쓸 것인가에 대한 가치판단을 전제로 한다. 특히, 단기적인 것보다는 중장기적 효과에 비전이나 믿음이 있을 때 가능하다. 만약 경쟁이 치열해지는 국제사회 속에서 진짜 경쟁력은 의사소통 능력에 있다고 믿는다면 자기 아이의 말하고 듣기 능력은 물론 상대를 편안하게 하고 유머감각까지 갖출 수 있도록 노력할 것이다. 이런 게 진짜 교육열이고 국제사회 속에서 리더로 키우는 교육열다운 교육열이다.

'아이들은 부모의 등을 보고 배운다'는 말이 있듯이 부모의 말이 아니라 교육행동이 중요하다. 밥상머리 교육이 중요하다고들 하는데 요즘 아버지들은 밥상에 함께 앉아 이야기할 시간이 없는 것 같다. 회사에서 늦게 돌아오고 아침 일찍 나가는 바람에 함께 식사하면서 이런 저런 대화를 나눌 여유가 없다.

심리학자들은 표면적으로 드러나는 형식지(explicit knowledge)보다는 암묵지(tacit knowledge), 즉 표현하기 힘든 주관적이고 직관

적인 지식의 중요성을 말한다. 이러한 암묵지는 매뉴얼 형태로 전수하기 힘들고 자기 자신의 경험에 대한 반성을 통해 스스로 깨닫거나 멘토와의 상호작용을 통해 얻을 수 있다. 일단 얻어진 암묵지는 자신도 모르는 사이에 자기 일의 효율성을 올림은 물론 동료와의 상호작용을 통해 조직 내부에 스미게 된다. 바로 이런 이유로 소위 아웃소싱이 강조되는 경영분야에서도 풍부한 경험을 가진 직원을 함부로 내 보내서는 안 된다고 권고한다. 한 사람의 숙련자를 내보냄으로써 임금을 절약할 수는 있으나 그동안 누적된 암묵지의 소유자가 나감으로써 발생하는 눈에 보이지 않는 손실은 더 클 수 있기 때문이다.

밥상머리 교육은 바로 그러한 암묵지의 교환 내지는 공유시간인지도 모른다. 학교수업을 통해서 또 언론이나 책을 통해서는 얻기 힘들고 오랜 시간 동안 고민하고 누적시킨 경험의 엑기스가 아버지와 아이들의 대화를 통해서 전해지고 교류되는 장면이다. 이 시간은 돈으로 살 수도 없고 사교육을 통해서는 더더구나 얻을 수 없는 지혜다. 진짜 교육열을 가진 자라면 이 시간에 대한 투자를 아끼지 말아야 한다.

06. 대학입시는 목표가 아니라 결과물이다

사람은 무언가 이루기 위해서는 목표가 구체적이고 의미 있게 제시되는 것이 급선무이다. 목표 자체가 개인에게 실질적인 의미가 없거나 흔쾌히 받아들여지지 않을 때 무슨 일이 진행되지 않는다. 설사 일부 어기적 어기적 진행이 될지는 몰라도 지속적으로 수행되어 그 열매를 맺기는 힘들다.

교육에 있어서 의미 있는 목표가 무엇일까? 특별히 그 높다는 교육열을 잘 발산시켜 제대로 된 열매를 따 먹기 위한 의미 있는 목표는 무엇일까? 그것이 홍익인간 같은 거창한 내용이 아닐지라도 또 도덕인, 자율인, 창의인 같은 학교교육계획서에 자주 등장하는 내용이 아닐 수도 있다.

그런데 대학입시는 교육적인 맥락에서 보면 목표라 하기에는 무리가 있다. 오히려 교육목표를 달성한 결과물 중의 하나라고 보는 것이 타당할 것이다. 더욱이 교육열을 발산시킬 목표로 삼기에는 더더구나 부적합해 보인다. 학생은 물론 학부모들에게도 의미 있는 목표가 제시되어야 한다. "학생의 호기심을 자극해서 자신만의 적성을 발견하고 진로를 탐색하기" 정도면 어떠한가?

이윤을 극대화하는 데만 신경을 쓰는 회사는 결코 이윤을 만들기 쉽지 않다. 목표가 잘못된 것이다. 마찬가지로 성적만 올리라고 압박해서는 성적은 물론 제대로 된 성취를 보일 수 없다. 진짜 교육열은 제대로 된 목표를 필요로 한다.

우리가 학창시절 수학시간에 선생님께서 공식의 유도과정을 열심히 설명해도 학생들은 "그냥 푸는 방법만 알려 주세요", "공식에 이렇게 대입하면 되는 것 아닌가요?" 하면서 선생님의 노력을 대수롭지 않게 평가했던 기억이 있다. 시험문제에 공식유도하는 내용이 나올 리 없으며 결국은 문제를 풀어서 정답을 찾아야 했기에 그런 일이 벌어졌다. 그래서 자주 하는 질문 중의 하나가 "시험에 나와요?"였다. 지금 생각해 봐도 너무 슬픈 교실이었다.

가르치는 사람이나 배우는 사람이나 모두에게 교육의 목표가 무엇인지 상실된 상황이었고 그런 과정을 통해서 어떤 성취감을 맛볼 수 없었다. 더구나 다양한 교육활동을 통해 학교에 대한 자긍심을 갖는 다는 것은 매우 힘든 일이었다. 대다수의 학교들은 운동부나 특별활동에 대한 관심을 보이기 힘들었다. 모두 대학입시에 성공하기 위한 테크닉을 배우는 데 혈안이 되어 있었기 때문이다.

무언가 큰 덩어리 하나가 빠져 있었다. 우리가 왜 공부하고 무엇을 향해 나아가야 하는지에 대한 방향이 없었다. 이런 이야기가 빠지고서야 무슨 교육열이고 또 높은 교육열이란 말인가! 다들 살아남은 생존경쟁을 벌이고 있었다. 그리고 그 때는 그렇게 밖에 할 수 없는 상황이었다.

이제는 더 이상 그런 식으로 교육해서 제대로 된 인재를 만들 수 없다. 이제 교육의 방향을 새롭게 정해야 한다. 그리고 대학입시는 교육목표의 달성을 위해 노력하는 과정의 끝에 만나는 많은 결과물 중의 하나이다. 제대로 된 목표가 사라질 때 진짜 교육열 또한 사라질 것이다.

07. 네 안의 교육열 발산-질문부터 하라

교사들을 대상으로 한 교육관련 연수나 강연에 갈 때마다 한 가지 안타깝게 느끼는 것은 질문이 적다는 것이다. 분명히 재미있게 강연을 들은 것 같고 심지어는 박수까지 받은 경우에도 막상 질문을 하라고 하면 겨우 한두 명 마지못해 손을 드는 경우가 많다. 강연이 신통치 않아서 그런가 하는 생각을 하다가도 일부 연수원에서는 뜨거운 질문세례가 이루어지는 것을 보면 지역 차이인가 하는 생각도 한다. 뭐랄까 그냥 뭔가에 짓눌려 있는 듯한 느낌을 버릴 수 없다. 너무 오랜 세월 동안 눈치를 보며 살아온 사람들이라는 생각과 함께.

학생만이 아니라 가르치는 사람도 뭔가 신나고 의미 있는 일에 참여하고 있다는 생각이 사라진 것처럼 보인다. 무엇을 향해 그 긴 시간을 열심히 달려왔는지에 대한 회의가 짙게 깔려 있음을 발견한다. 열심히 일하고 싶은 마음은 있는데 그 마음을 싸잡아 진정으로 에너지를 쏟아야 할 목표를 제시하지 못했다는.

교육열을 제대로 살리려면 교사부터 변화될 필요가 있다. 교사들의 상당수는 자긍심을 먹고 사는 사람들이다. 가르친다는 것은 정해진 진도에 따라 교과서를 들고 학생들에게 뭔가를 설명해 가는 것 이상의 그 무엇이다.

학생들에게 창의적이고 비판적 사고력을 심어 주기 위해서는 교사부터 그런 모습을 보여야 한다. 특별히, 자신만의 참신한 질

문을 던져야 한다. 그런 질문을 자기 스스로 던지지 못하는데 교실 상황에서 학생들로 하여금 창의적이고 비판적인 질문이 나오기를 기대한다는 것은 모순이다.

교육열이 제대로 발산되고 있음을 보여주는 좋은 증거는 좋은 질문이 쏟아지고 있는가이다. 학생도, 학부모도, 교사도, 행정가도 모두 좋은 질문을 찾아야 한다. 그리고 그 질문에 답하는 과정을 통해 제대로 된 교육열이 발산될 수 있도록 돕고 또 유도해야 한다.

요즘 여러 대학이 시행하고 있는 입학사정관 전형을 통해 입학한 학생들을 보면 내가 고등학교 다닐 때와는 매우 다른 생활을 하고 있음을 발견한다. 고등학교 시절 이미 소설을 십여 편 쓰고, 세계적인 과학 잡지에 이름을 올리고, 여러 경진대회에 나가 상을 타고, 외국의 학자나 학생들과 이메일을 교환하고 등등. 과거에는 상상하기 힘들었던 생활을 하는 학생들이 많다. 학원 다니는데 시간을 쓰는 것이 아니라 자기만의 목표와 비전을 향해 열심히 교육열을 불태우는 학생들이 많다.

이런 학생들 뒤에는 당연히 의미 있는 교육열을 가지고 활용하는 부모가 있다. 학원가라고 독려하는 것이 아니라 자기식의 생활을 설계하고 운영해 가라고 도와주는 부모 말이다. 그럴 시간 있으면 영어단어 하나 더 외우라고 윽박지르던 과거의 부모가 아니라 네가 진짜 원하는 것이 무엇인지 찾아내고 그것을 향해 네 안의 열정을 불사르라고 격려하는 그런 부모가 있다.

그런가 하면 새로운 비전을 향해 나아가도록 도와준 교사도 발견된다. 학생이 가진 잠재력을 알아보고 그것을 발현시키도록 정보를 제공하고 함께 고민해 주고 필요하면 전문가를 연결시켜 주는 등의 노력을 아끼지 않는 교사들. 학부모를 설득해서라도 학생의 잠재력 계발에 시간을 더 쓸 수 있도록 도와주는 교사들. 이런 교사들을 격려해 주고 존중해 주는 학교가 되어야겠다.

이제 다시 스스로에게 물어야 한다. 나의 질문은 무엇인가? 진짜 교육열이 있는 사람이라면 어떤 질문을 하게 될까?

08. 교육열과 야생의 도전정신

전하진 사장이 저술한 〈비즈엘리트시대가 온다〉에 보면 중학교 3학년 학생 이야기가 나온다. 스팟엔진의 오규석 대표다. 동인천중학교 3학년 학생이 투자유치 때문에 서울을 찾고 미국인 동업자 친구도 있다고 한다. 자기 사업을 시작하면서 한국시장은 작으니 처음부터 미국시장을 공략했다고 한다.

이런 꿈을 가진 아이들에게 교육열이란 무엇인가? 학교교실에 앉아서 영어단어를 암기하고 수학공식을 대입하여 문제풀이하는 것이 더 이상 큰 의미가 없게 다가오는 학생인지도 모른다. 자기가 할 일이 뚜렷하게 있기에 영어공부도 스스로 알아서 했을 것이다. IT분야의 전문가가 되기 위해서 자신에게 필요한 지식을 인터넷을 뒤져서 찾아내고 있을 것이다.

모든 학생이 자기 사업을 하고 투자를 해야 할 필요는 없다. 그러나 분명한 것은 이런 학생사장들이 있으며 그 아이들은 자신들만의 세계를 찾기 위해 노력하고 있다는 사실이다. 그리고 이런 식으로 자기만의 세계를 찾아 자기주도적으로 공부하고 개척하는 학생들의 수가 점점 늘어나고 있다는 것이다. 이런 학생들에게 학원수업을 들으면서 대입준비를 하라고 하는 것은 고문에 가깝다. 교육열에도 사람의 특성에 맞는 격이 있지 않나 싶다.

교육열은 앞서 말한 것처럼 우리 교육의 줄기세포 같은 것이다. 막강한 잠재력을 가지고 있지만 그 어떤 정해진 규칙에 따라

움직이는 것이 아니다. 우리가 꿈꾸는 새로운 인간상과 비전에 따라 점차 그 모습을 드러내면서 자기만의 형태를 만들어 내는 것 같다. 그래서 교육열 자체로만 따지자면 무형의 잠재 에너지이고 이를 어떻게 사용해서 어떤 열매를 맺을 것인가는 각자의 결단에 달려 있다.

전하진 사장은 부모 세대가 경험한 산업화 성공의 경험이 오히려 새로운 도약을 방해하고 있음을 지적한다.

> "산업화 성공으로 편안한 안식처를 제공받은 시트엘리트들이 성공 과실의 분배에만 집중하는 사이에 우리를 지탱해 주던 기적의 창의력과 열정은 서서히 가라앉고 있다." (〈비즈엘리트의 시대가 온다〉, p. 26)

안정된 자리가 보장된 시트엘리트가 아니라 야생적인 기질과 도전정신을 바탕으로 새로운 비즈니스를 창출하는 비즈엘리트의 시대가 오고 있음을 설파한다. 이들은 기존의 엘리트들과는 한 배를 타기 힘든 새로운 종류의 인간들이다. 그리고 이들의 가장 큰 특징은 자리를 노리는 것이 아니라 가치에 도전한다는 것이다.

전 사장은 또 교육과 관련해서 다음과 같이 지적한다.

> "지금의 교육은 학생을 위한 교육이 아니라 교육이라는 거대한 안식처에 누워 단물을 빨고 있는 시트엘리트들을 위한 교육일 뿐이다."

09. 교육열을 시스템화하라

은행의 객장에서 긴 줄을 서면서 공과금을 냈던 시절이 있었다. 필자가 사는 동네는 시장통이라 월말이 되면 그 줄이 수십 미터를 이어졌다. 그러다 보면 한 줄이 두 줄이 되고 또 세 줄이 되고……. 이 정도 되면 뒤에서 "아줌마 새치기 하지 맙시다" 같은 험한 목소리까지 들려온다.

은행 안에서 자기 차례를 기다리는 사람들도 짜증이 나 있기는 마찬가지다. 꽤 긴 시간을 기다린 것 같은데 언제 차례가 오려나 하고 시계를 들여다보게 된다. 혹시 자리를 빼앗기게 되는 것은 아닌지 누가 새치기하는 것은 아닌지 전전긍긍하게 된다. 더구나 줄을 서 있는 동안은 그저 앞만 보고 멍하니 서 있을 수밖에 없다.

그러다가 번호 대기표라는 것이 등장했다. 아주 간단한 시스템인데 모두가 편하고 시간을 절약하게 되고 새치기 당할까봐 걱정할 필요도 없다. 더구나 편하게 앉아서 기다리면서 잡지를 볼 수도 있고 대략 어느 정도 시간이 되면 내 차례가 올지 예측도 가능하다.

많은 사람들이 질서의식이 없어서 무질서해진다고 믿었다. 그래서 질서의식 고취를 위한 가두행진도 하고 현수막도 걸고 무슨 캠페인도 많이 했다. 그러나 그런 식의 접근으로 질서가 잡혔다는 이야기는 들어 보지 못했다.

문제의 핵심은 모두가 질서를 잘 지킬 수밖에 없고 또 지켜보면 다 편하고 좋은 것임을 알게 되는 시스템의 설계 능력이다. 이런 능력이 없는 곳에서 의식을 운운하고 심지어는 국민성까지 따지게 된다. 그러면서 정작 변화되는 것은 없다.

교육열을 둘러싼 이야기도 마치 80년대 은행객장의 무질서함과 유사하다. 다들 우리 아이만은 좋은 대학에 보내야 한다는 목표하에 그리고 대학으로 가는 그 길에서 내 아이만 길을 잃거나 그나마 확보해 놓은 자리마저 빼앗기는 것은 아닌가 불안감에 떨기도 한다. 이 과정에서 사교육이다 뭐다 해서 돈까지 써가며 나름대로 애를 써 보지만 근본적인 해결책이 될 수 없음을 잘 알고 있다.

그럼 이 상황에서 번호대기표 같은 것은 무엇일까? 아마도 예측 가능한 학력평가 시스템일 것이다. 여기서 예측은 학원에서 나눠 주는 무슨 대학 점수별 배치표 같은 것을 말하는 것이 아니다. 각 대학마다 나름대로 특성화된 전형방법이 있고 이에 대한 일종의 모델이나 모형 같은 것이 공개될 때 학생들은 저마다의 관심을 바탕으로 자신만의 포트폴리오를 짤 수 있다. 그리고 그 과정을 통해서 자신이 어느 대학의 어떤 과에 갈 수 있는지를 알게 되는 것을 말한다. 필요하다면 해당 대학의 입학담당자와 상담을 통해 자신의 실력이 어느 정도에 와 있는지를 점검해 볼 수도 있다.

그러나 더 중요한 것은 요즘 대부분의 사람들이 은행에 가지 않고 인터넷이나 텔레뱅킹으로 은행 업무를 보듯이 그런 식의 줄서기 자체를 불필요하게 만드는 것이다. 이것은 소수의 유명대학에 들어가기 위해 줄을 서는 식의 관행을 없애 버리는 것에 해당된다. 나아가서는 전통적인 대학입시를 무력화시키는 작업이라고도 할 수 있다.

이미 온라인을 통한 수많은 학습 사이트들이 이러한 기능을 일부 하고 있다. 더 이상 수험생들도 기존의 오프라인 학원에만 의존하지 않고 수준 높은 강사의 강의를 집에서 듣고 있다. 또 대학만 해도 사이버 대학들이 많이 생겨났고 이제 대학원도 생겼으니 새로운 패러다임 속에 들어와 있는 셈이다.

이제 왜곡된 교육열이니 어쩌니 하는 말은 탈맥락적이 되어 버렸다. 소수의 대학에 가기 위한 상대적 우위점하기 경쟁에서는 왜곡된 교육열이 있었는지 모른다. 그러나 이런 식의 경쟁이 점점 더 의미를 잃어 가는 요즘의 상황에서는 우리나라 교육열을 어떤 식으로 시스템화해서 불필요한 불안감을 없애고 자신만의 길을 찾게 할 수 있을까? 이렇게 되면 왜곡된 교육열이 아니라 그야말로 나만의 길을 찾기 위한 정상적인 교육열 발산이 이루어질 것이다.

이 땅에 교육열 유통구조가 잘 마련되어 있다면 왜 그리 많은 사람들이 조기교육을 떠나고 기러기 가족이 생기는가? 또 그것도 모자라 외국유학을 떠나게 되는가? 교육에 대한 정서적 차원의 열기가 뜨거울 뿐 그것을 잘 활용하는 시스템이 없기 때문이 아닐까? 한국에서는 그 열기를 잘 다루는 용광로도 없고 그 용광로를 제어하는 시스템도 없는 것은 아닌지 모르겠다.

열기가 모자라서 또는 왜곡되어서가 아니라 이 열기를 조절하고 다루는 시스템이 없기 때문이다. 화약도 가루로 뿌려서 있으면 아무리 가스불을 가져다 대어도 그냥 불만 뿜어 댈 뿐이다. 그러나 이 가루들을 잘 다져서 한군데 모아 놓으면 폭약이 된다. 비슷한 논리로 엄청난 열기를 뿜어 내는 용광로도 정밀한 조정 시스템과 연결되지 않으면 고강도 철판을 만들어 낼 수 없다. 설사 만들어 낸다 하더라도 계속해서 균질한 질의 철판을 만들어서 수출하기란 어렵다. 문제는 시스템이지 교육열 자체가 아닌 것이다.

IV.

세계 속의 교육열

01. 교육열과 글로벌 사회

한인들이 미국에 와서 살면서 결코 쉽게 포기할 수 없는 것 중의 하나가 교육이다. 세탁소를 운영하고 허드렛일을 해도 아이들 교육만은 포기할 수 없고 또 열성적으로 지원을 한다. 새벽부터 밤늦게까지 두세 개의 직업을 전전해도 아이들 교육만은 꼭 챙기게 된다.

여러 해 전부터 각종 신문지상에 오르내린 하인즈 워드의 경우도 자식을 향한 어머니의 헌신적인 노력과 지원이 오늘의 그를 만든 동인인 것으로 보도되고 있다. 동네에 있는 다른 흑인 아이들은 학교를 마치지 못하는 경우도 많고 심지어는 폭력이나 마약에 연루되어 정상적인 삶을 살지 못하기도 했다. 그러나 하워드의 경우 어머니가 힘든 일과 속에서도 손수 만들어 준 밥을 먹으며 성장했다고 한다. 그리고 세월이 많이 흐른 후 자신의 삶이 남들과 다른 것은 어머니의 정성 특히 한국식의 교육을 받으며 성장한 것이 그 원인이었다고 회고했다.

이런 식의 이야기는 교민사회에서 흔히 들을 수 있다. 누가 하버드 대학에 입학했다고 소문이 나면서 옛날에는 떡도 돌리고 꽹과리도 쳤다고 한다. 이민 와서 뼈 빠지게 고생한 보람을 한꺼번에 느끼는 그런 일이었을 것이다. 그런데 이상하게도 하버드 대학에 졸업했다고 떡 돌리는 경우는 흔치 않았다고 한다.

그런가 하면 좋은 대학을 나와 변호사도 되고 의사도 되기는 하지만 그 다음이 문제다. 시간이 흐르고 나서 이들 중 상당수가 교민 사회로 다시 돌아와 누구는 한인들의 비자신청을 담당하는 변호사로 또 누구는 김산부인과를 개원한다고 한다. 결국 미국 주류사회 안으로 들어가기가 쉽지 않았다는 이야기다.

다시 한인사회로 돌아올 수밖에 없던 것 사실을 지적하려는 것은 아니고 이민사회의 교육열이 낳은 최종 결과에 대한 관심을 말하고자 하는 것이다. 즉, 교육 때문에 이민 왔다고 하고 또 교육 때문에 고생을 많이 했다고 하는 데 그것이 과연 무엇을 의미하는 것인지는 다시 생각해 볼 일이다. 더구나 어렵게 얻은 고학력 및 자격증을 가지고 할 수 있는 일이 함께 이민 왔던 사람들을 위해서만 사용되는 것이라면 더더욱 고민의 대상이 된다.

학교를 마치고 일반 회사로 취업한 경우도 생각보다 여러 가지 문제를 겪게 된다고 한다. 그 중 첫째는 영어문제라고 한다. 아니 어려서 이민 와서 원어민과 같은 수준으로 영어를 하는 데 영어문제라니? 여기서 말하는 영어문제란 그저 영어능력 같은 것이 아니라 결국 미국문화를 이해하고 백인들마저 리드할 수 있는 그런 영어를 말하는 것이다. 결국 소수를 제외하고는 대부분 하위직에 머물고 관리직으로 승진해 가기는 쉽지 않다고 한다.

이런 저런 이민사회의 시행착오를 거치고 나서 요사이 새롭게 인식하게 된 것은 다시 모국어의 중요성과 한국문화에 대한 애착이다. 미국에 있으면서 영어 잘하고 그 곳 문화에 적응 잘 하면 되지 않을까 생각을 하지만 미국이 어차피 다인종 다문화 사회라는 점을 인식할 필요가 있다. 자기 문화와 언어에 대한 정체성이 없을 때 더 생존하기 힘들다는 사실을 오랜 시간이 흐르고 나서야 이해하게 되었다고 한다. 그래서 일부 지역에서는 한글 배우기가 당연시되고 한글과 영어 둘다 잘 알고 사용해야 취직도 잘 된다고 한다. 이민 1세대가 자기 자식이 '한국어는 몰라도 영어만 잘하면 되겠지' 라고 생각했던 것과 비교하면 격세지감을 느끼게 하는 대목이다.

교육열은 이제 높은 학력을 얻고 출세하는 것과 관련된 욕망 그 이상의 것과 연계되어 있다. 그것은 단순히 공부 잘하고 또 글로벌 시대를 맞이하여 영어도 잘하는 식의 이야기가 아니다. 자기 문화와 언어를 충분히 소화하면서 세계무대에서도 통할 수 있는 그런 통합된 차원의 열정을 필요로 한다. 그렇지 않고 그냥 더 좋은 학교로 진학하고 외국어도 빨리 배우고 하는 식의 방향 없는 열정은 의미 있는 열매를 맺지 못할 수 있다.

이런 맥락에서 보면 기러기 아빠의 증가는 교육열에 착시현상이 발생하여 생긴 일시적인 과열이라고 볼 수 있다. 다들 이유가 있어서 기러기 아빠가 되었겠지만 가족과 떨어져서 모국어 사용까지 제한받으면서 불살라야 할 교육열인지 되묻게 된다. 더 좋은 교육환경을 찾는 것에 앞서 교육열의 방향 내지는 결과물을 미리 생각해 볼 필요가 있다. 오래 전에 부모의 교육열 때문에 떠나갔던 수많은 청소년들이 지금 어디서 무엇을 하고 있는지 궁금해진다. 그 아이들이 대학을 졸업하고 취직을 할 무렵이면 과연 어떤 열정이 남아 있을지도 궁금하다.

02. 교육열과 국가차원의 관리[1]

교육에 대한 관심이 높았던 우리나라에서 개인적인 차원만이 아니라 국가 차원에서도 교육열에 관심을 기울였을까? 다시 말해 교육열을 단지 입신양명이나 가문의 영광이 아니라 보다 거시적인 차원에서 바라보고 나아가 관리하고자 했던 노력이 있었을까? 이 질문은 요즘 식으로 말하면 공교육 시스템의 질을 점검하고 보다 거시적인 차원에서 교육의 질을 바라보았는가에 대한 의문이다. 교육열이 하나의 심정적인 차원의 열정이 아니라 보다 체계적인 수준에서 분석되고 관리되었는가의 이슈이다.

우리의 교육적 전통 속에서 학교나 교육기관의 시스템에 대한 질관리의 증거는 찾아보기 힘들다. 질 관리가 있었다면 주로 특정한 직무를 맡은 사람에 대한 평가를 통해서였다. 특정 직무에 임명된 사람이 그 직무를 성실히 수행했는지를 평가함으로써 해당 기관이 정비되고 제 기능을 수행하도록 하는 것을 목적으로 삼았다. 예를 들면 지방관인 수령의 임무 일곱 가지(이른바 守令七事) 가운데 '학문의 진흥'이 구체적으로 명시되어 있는 것이 그 예이다.

조선왕조는 유학을 숭상하는 이념적 기조에 터하여, 양반관료 체제를 이끌고 일반 서민층을 교화한다는 목표 하에 학교제도의 정비와 확충에 착수했다. 이러한 방침은 정도전이 지은 태조의 즉위교서에서 "성균관과 향교의 학생 수를 늘려 보다 많은 인재를

---

1) 이 글은 "학교평가를 통한 학교혁신은 가능한가?"라는 제목으로 〈교육개발〉지에 실렸던 원고의 일부를 발췌하여 다시 정리한 것임

양성하겠다"(文武兩科不可偏廢 內而國學 外而鄕校 增置生徒 敦加講勸 養育人才)는 것으로 표현되었다. 이처럼 학교교육의 진흥이 공식적으로 천명되긴 했으나 구체적이고 강제력을 지닌 추진책이 마련되기까지는 이렇다 할 성과를 거둘 수 없었는데 그 대표적인 예는 향교의 관리에 나타난다.

일찍이 조선개국 초기의 체제를 정비하는 데 주도적 역할을 했던 정도전은 감사가 수령의 치적을 평가할 때 학교흥 · 예속성(學校興 · 禮俗成: 학교를 진흥시키고 풍속을 성숙시키기)에 가장 높은 점수를 주어야 한다고 주장한 바 있는데, 이것이 실현되는 것은 태종 때의 일이다. 태종 6년에 들어와 고을의 크기에 따라 교생의 정원과 향교의 규모를 정하고, 이어 수령의 근무성적을 평가하는 기준('修明學校')에 포함시켰다. 향교의 시설규모와 생도 수 그리고 통달한 경전의 수 등 철저하게 양적으로 측정할 수 있는 사항들로 수령의 업적을 평가한다는 정책은 즉각적으로 효과를 나타냈던 것 같다. 여태까지 향교가 없던 지역에 향교 신설을 건의하는 지방관의 청원이 잦아졌고, 생도의 정원을 채우고 교수를 확보하기 위해 기존의 향촌 서재들을 강제로 흡수하거나 해산시키는 경우가 많았다.

이렇게 볼 때, 조선시대의 교육열은 역시나 개인 혹은 가문 차원의 일이었지 국가가 나서서 체계적으로 질 관리를 했다고 보기는 힘들다. 이런 현상이 생긴 것은 지역자치에 입각한 정책집행과도 관련이 있다. 즉, 중앙에서 마련된 정책을 일방적으로 시행하려 하기보다는 일정한 원칙 내에서 그 지역에 재량권을 주어

자치적으로 결정된 사항에 대해 추인하는 방식을 택한 것이다. 예를 들어서, 강학(講學)활동시 그 행사를 주관할 훈장을 선정할 때, 관에서 일방적으로 지시를 내리는 것이 아니라 해당 지역 주민의 의견을 반영하여 결정하였다. 지역 주민들이 명망이 높은 인물을 사장 · 훈장(師長 · 訓長)으로 택정하면 천거된 인물을 수령 · 관찰사가 직접 방문하여 천거에 응할 것을 정중히 요구하였다. 또한 교육의 진작을 위해서도 향약(鄕約), 동헌(洞憲) 등 지방 자치규약을 존중한 것을 볼 수 있다. 향약, 동헌 등에는 대개 권학조(勸學條)가 들어 있는데, 여기에는 각 洞里에서의 자치적 교육활동에 대한 규정(洞中 서책 관리, 강회, 백일장, 불참자 벌칙, 과거 응시자 · 등과자에 扶助 등)을 담고 있다. 주목할 만한 점은 향약 · 동약 등 자치규약을 운영하고 있는 각 지방에 명망 있는 인물을 천거하여 사장(師長)으로 삼았다면, 지방수령도 이 결정에 전폭적인 지지를 보내야 한다는 것이다.

국가차원의 교육열 관리와 관련해서 일본은 매우 다른 모습을 보여 주었다. 서구열강의 침범을 먼저 경험했던 일본은 쇄국에서 벗어나 오히려 서구의 학문을 적극적으로 수용하려는 태도를 보였다. 특히, 명치유신 이후 정부가 직접 나서서 서구의 문물을 공부하는 정책을 펼쳤다[2]. 이런 과정에서 가장 기념비적인 일은 1871년 11월에 이와쿠라 토모미를 특명 전권대사로 임명하고 100여 명의 사절단을 구미 12개 국가에 파견한 일이었다. 사절단 안

2) 이 내용은 신협섭 저 〈지금도 일본은 있다〉 (고려원북스, 2004)에서 발췌한 내용임

에는 정부 고위관료는 물론 초등학생을 포함한 50여 명의 유학생도 포함되어 있었다고 한다. 수많은 배웅객의 환호성을 뒤로 하고 미국 기선에 오른 사절단의 모습은 비장하기까지 했다. 단순히 유학생을 파견하는 정도가 아니라 정부 관리까지 직접 서구문물을 경험하게 한 명치정권의 절박함이 극명하게 드러난 일이었다.

사절단은 미국, 영국, 프랑스 등을 순방하면서 서구문물에 대한 공부를 철저하게 수행하였다. 이들은 정부 기구, 제도, 재정, 경제, 산업, 군사, 사업, 사회, 교육 등 여러 분야에 걸쳐 학습을 했다. 이를 위해 정부 조직은 물론 학교, 우체국, 조폐공사, 제철소, 지하철, 병원, 공원 등을 방문하였다. 이들은 단순히 견문을 넓히는 차원이 아니라 그야말로 각 국가 시스템의 뿌리부터 더듬어 보겠다는 각오로 처절한 교육열을 발산시켰다.

한일 양국의 교육열을 직접 비교한다는 것은 무리임에 틀림없다. 그럼에도 일본의 명치정권이 보여준 국가차원의 교육열은 여러 가지 시사점을 던져 준다. 적어도 교육열은 개인차원에서만이 아니라 국가차원에서도 검토해 볼만한 주제라는 것이다. 교육열을 개인이 가지고 있는 교육에 대한 단순열정으로만 보지 않고 어떻게 해서든 보다 긍정적인 차원으로 승화시키고 나아가 모두에게 도움이 되는 쪽으로 활용하고자 한다면 더더욱 생각해 볼만한 주제이다. 개인적으로는 무지하게 열심히 공부하는데 그 결과 국가차원에서 보면 오히려 교육에 염증을 느끼고 실질적인 의미에서 교육의 질이 떨어진다면 함께 고민해 보아야 할 일이다. 우리나라가 수십 년을 그렇게 지내오고 있는 것은 아닐까?

03. PISA를 통해서 본 교육열

PISA 결과를 들여다보면 한국 학생들의 성취는 매우 뛰어난 것으로 나타난다. 전체 등수로 보아 대개는 5위권 이내에 들고 과목별로 따로 분석해 보아도 학생들의 성적은 매우 높은 수준이다. 그리고 한두 번 좋은 성적을 보이는 것이 아니라 지속적으로 높은 성취를 보이고 있다는 것은 매우 고무적인 현상이다.

OECD는 한국을 비롯한 아시아권 국가 학생들의 성취가 높은 것을 알고는 그 이유를 분석했다. 그 결과는 이미 알려져 있는 것처럼 교육과정이나 교과서를 포함해서 국가수준에서 교육의 질을 관리하고 있다. 교육과정의 수준 역시 다른 나라에 비해 난이도가 높게 디자인되어 있는 것으로 보고되고 있다. 예를 들어 한국의 초등학생이 미국의 학교로 진학하게 되면 대개 1년 정도의 차이가 나고 수학의 경우는 경우에 따라 2년 이상 차이가 날 수도 있다. 한국에서 이미 다 배운 내용인 경우가 많다.

이런 상황에서 OECD는 2003년도에 아시아 국가 학생들이 줄곧 높은 성취를 보여 온 것에 주목하면서 암기를 하면서 반복적인 연습을 통해서는 결코 높은 점수를 받을 수 없는 영역을 새로 개발하였다. 소위 '문제해결력' 장르를 새로 설정하고 학생들의 창의적인 사고력을 측정할 수 있는 문항을 개발하여 실시하였다. 아마도 OECD 교육국은 적어도 문제해결형 문항을 통한 측정을 통해서는 아시아권의 학생들이 아닌 서구 학생들의 점수가 더 높게 나올 것이라 예상했을지도 모른다.

그런데 문제해결력 분야에 대한 평가 결과 예상을 깨고 1위를 차지한 것은 한국이었다. 문제를 출제하여 시행한 OECD는 물론 한국의 관리나 학자 교사들까지도 처음에는 이해하기 힘들다는 반응을 보였다. 다른 과목에서 좋은 성적이 나온 것은 그렇다 치더라도 교과내용을 암기하거나 문제집을 많이 풀어 보는 경험을 통해서는 좋은 성취를 보이기 힘든 영역이었기 때문이다.

전혀(?) 예상하지 않았던 결과가 나온 것에 대해 세계 여러 학자들도 비상한 관심을 보였다. 지금까지 한국의 학생들이 보여준 높은 성취가 단순 암기나 훈련을 넘어서서 창의적 사고력 수준으로 발전한 것인가 하고 생각해 볼 수도 있다. 그래서 한국정부와 학자들에게 이런 결과가 나온 것에 대한 분석 내지는 해석을 요구하게 되었다. 이런 문의과정에서 나온 답 중의 하나는 '사교육 효과'였다. 내놓은 답치고는 너무 힘이 빠지고 또 설득력이 없어 보였는데 그 외에는 딱히 내놓을 답이 없었는지도 모른다. 우리 교육의 병폐(?)를 너무 잘 알고 있기 때문이었을까?

그런데 이런 식의 해석에 대해 브레이크를 건 사람은 다름 아닌 OECD 교육국장이었다. 한국 학생들의 성취에 사교육이 영향을 주기는 하겠지만 사교육 때문에 문제해결력에서 마저 우수한 성적을 보였다고 볼 수는 없다는 것이다. 그 이유는 학력평가에 참여한 OECD 가입 국가들 중에서 사교육 비용지출에 있어서 한국보다 더 높은 나라들도 있으나 그 나라들의 성취는 높지 않기 때문이라고 지적했다.

그렇다면 도대체 무엇이 우리나라 학생들의 문제해결력을 높였단 말인가? 특히, 이 평가를 동시에 이루어진 설문조사 결과를 보면 한국학생들은 학업동기나 태도에 있어서 매우 낮은 점수를 보였다. 성취도 점수는 높은데 공부하고자 하는 동기나 태도 점수는 낮게 나타난 것이다. 결국 결과는 좋게 나오는데 공부하는 것에는 별로 관심이 없는 것이 한국 학생들이다. 외국의 학자들이 보기에는 도저히 이해가 되지 않는 결과라 하겠다. 공부하기 싫은데 점수가 잘 나오다니?

이런 와중에 인하대학교 박영신 교수는 서구에서 개발한 측정도구로는 한국학생들의 실질적인 학업동기를 파악할 수 없다고 지적하였다. 서구인들이 생각하는 학업동기는 미래에 대한 뚜렷한 비전을 가지고 자기 자신을 조절하면서 꾸준히 공부해 가는 모습을 통해 드러난다. 그런데 문제는 한국학생의 경우는 꼭 이런 식의 관계 설정이 되지 않는다는 것이다.

박 교수는 한국적인 현상은 역시나 토착화된 접근을 통해서 분석해야 함을 역설하였다. 그래서 일반적인 학업동기와는 달리 한국학생들이 공부하는 이유를 부모와의 관계를 통해서 파악하고자 하였다. 이를 위해 학생들이 부모님께 얼마나 죄송스러운 마음을 느끼는지를 조사하였다. 그 결과 부모님께 죄스러운 마음을 가지는 학생일수록 학업성취가 높을 수 있다는 개연성을 발견하였다. 소위 관계지향적 동기가 주요한 원인이라는 것이다.

이렇게 보면 한국의 학생들은 교육 시스템을 통해서 공부하고자 하는 열정이 생기는 동기가 촉발되지는 못하는데 그나마 부모와의 관계 때문에 몸부림치고 있는 것일까? 우리 학생들의 교육열은 아직도 제대로 된 관리는 받지 못하고 가족 단위의 관리 시스템 속에 놓여 있는 것인지도 모른다. 뭔가 끈적끈적한 가족의 교육열이 학생들을 붙잡고 있는데 국가차원에서는 그것을 더 높은 수준으로 활용할 생각을 아니하고 있다. 교육열 정책이 필요하다.

04. 교육열 발산의 유통구조

한국의 인재들은 예부터 우리나라 안에서 역량을 충분히 발산시키지 못했다. 오래 전 신라시대에는 골품제도 때문에 특정 신분에 속한 사람들만이 관직에 나아갈 수 있었다. 아무리 능력이 있는 인재라 할지라도 소위 성골, 진골 출신이 아니면 자신의 능력을 발휘하는데 제약이 따르곤 했다. 그래서 아예 국내의 좁은 틀을 벗어나서 당나라로 유학을 떠나는 사람들이 있었고 후에 귀국하여 혁혁한 공을 세운 사람들도 있었다. 우리가 잘 아는 최치원, 장보고는 그 대표적인 사람들이다.

이러한 흐름은 고려시대에 이르러서도 계속되었는데 당나라에 유학하여 일정 지위에 올랐던 사람들도 있었다. 그런데 귀국 후에도 지방 토호들의 견제로 자신들의 능력을 마음껏 발휘하기 어려웠다. 그래서 당나라 유학파들은 결국 자신들의 능력을 펼치기 위해 신분에 의한 것이 아닌 실력에 의한 등용을 위해 과거제도를 추천하기에 이른다. 자신들의 입지를 위해서도 과거제도는 꼭 필요한 것이었고 고려의 왕 또한 새로운 국가 시스템을 구축하고 새로운 인재를 활용하기 위해서 과거제도를 받아들이게 된다.

지금은 어떠한가? 우리의 젊은이들은 아직도 당나라에 유학했던 그 당시의 젊은이와 크게 다르지 않은 것도 같다. 우선, 아직도 국내의 인재개발 시스템은 세습제나 골품제는 아닐지 모르나 그에 준하는 학력사회나 학벌사회적 틀에서 벗어나지 못하는 면이 있다. 가장 대표적인 것 중의 하나가 대학의 교수진에서 여전히

자기대학 출신비율이 너무 높다는 것이다. 소위 일류대학이라는 곳도 자기대학 출신을 선호하고 타대학 출신을 교수로 채용하지 않는다는 것은 아직도 인재개발 및 활용에 있어서 답답한 모습을 극복하지 못하고 있다는 방증이라 할 수 있다. 대외적으로는 퓨전 시대이니 융합 학문을 해야 한다고 하면서 막상 자기 조직은 아직도 동종번식(inbreeding)하기에 집착해 있다.

거대한 원제국을 세웠던 징기스칸의 후예들은 결국 망하고 말았다. 그 어떤 제국도 수백 년을 가지 못하고 주저앉았는데 징키스칸의 후예들은 왜 그랬을까? 동유럽까지 세력을 펼쳤던 그들은 소위 실크로드를 만들며 요즘의 개념으로 보면 스피드 경영을 펼쳤던 사람들이다. 그런데 그들에게 부족했던 것은 그 스피드의 방향감이 없었기 때문이라고 분석된다. 즉, 왜 그렇게 빨리 이동해서 넓은 땅을 차지하고 정복해야 했는지 그 목표가 점차 희미해져 버린 것이다.

교육열을 더 이상 인구 5천만 수준의 대한민국 안에서 서로 경쟁하는 제로섬 게임 안에 가두어서는 안 된다. 경쟁의 대상이 이미 한국학생이 아니라면 이 아이들을 보다 더 국제화된 맥락 속에서 공부하도록 자극하고 도와주어야 한다. 단순히 조기유학을 보내고 어학연수를 보내자는 이야기가 아니다. 바로 매일 공부하는 일상 속에서 자신만의 교육열을 발산시킬 대상을 스스로 찾게 도와주어야 한다는 뜻이다. 그리고 무엇보다 왜 그렇게 해야 하고 또 무엇을 향해 나아가야 하는 것인지에 대한 방향감을 갖도록 도와주어야 한다.

05. 빌게이츠, 손정의, 그리고 교육열

세계적인 IT분야의 대가를 꼽으라면 많은 사람들이 빌 게이츠를 말한다. 하버드 대학을 중퇴하고 작은 차고에서 시작한 조그만 기업이 나중에 전 세계를 압도하는 거대 기업으로 변화한 사실을 거론한다. 창의적이고 혁신적인 아이디어맨이 어떻게 돈까지 벌게 되었는지에 대한 장황한 이야기도 늘어놓는다.

그러다가 사람들은 설사 빌 게이츠라 할지라도 한국에서 태어났다면 그런 혁신적인 기업가가 되지 못했을 것이라고 자조적인 말을 하기도 한다. 왜 그럴까? 우리 사회의 폐쇄성이랄까, 잘 나가는 사람을 인정하지 못하는 문화랄까, 좋은 학벌을 가지지 못한 사람이 성공하기 힘든 구조랄까 등등을 말한다. 정말 그럴지 모른다. 한국사회 속에서 뭔가 튀는 인재, 학벌마저 무시해 버리는 사람이 성공한다는 것은 쉬운 일이 아니다.

그런데 같은 IT분야에서 빌 게이츠 못지않은 성취를 보인 사람이 있다. 그것도 우리보다 더 위계적 사회구조를 가진 일본에서 성공한 사람이다. 그는 손정의 소프트방크 회장이다. 그는 한국, 일본, 미국에서 공부하고 일본에서 기업을 일궈 일가를 이룬 사람이다.

손 회장의 일대기에서 가장 흥미로운 부분은 서구의 것을 모방하는 것을 극도로 싫어했다는 것이다. 심지어는 일본의 토요다 자동차도 한 수 아래의 기업으로 평가절하했는데 그 이유는 원천

기술로 치자면 이미 오래 전에 미국의 포드가 다 만들어 놓은 것을 일본화시킨 것이라는 지적을 했다. 이런 생각 때문인지 비록 후발주자라 할지라도 창의적인 아이디어만 있으면 세계적인 수준으로 급부상할 수 있는 분야를 찾다가 IT를 선택했다고 한다.

손 회장의 가장 큰 특징 중의 하나는 겸손이다. 일본 사회에서 살아남기 위해서는 그것도 한국인으로서 기업을 일구기 위해서는 자신을 낮추는 노력이 필요했을 것이다. 미국에서도 공부하고 상당히 튀는 성격의 소유자인 손 회장이었건만 일본 사회의 특성을 감안하여 자신을 낮추면서 기회를 노렸다고 한다.

이런 특성들 때문에 우리는 빌 게이츠 보다는 손정의가 우리의 벤치마킹의 대상이 되어야 한다고 믿는다. 너무 문화가 다른 곳에서 성공을 이룬 사람이 아닌 우리와 비슷한 토양을 가진 곳에서 한국인으로서의 정체성을 가지면서 성공한 사람이기에 그렇다. 그리고 그러한 성공을 가능하게 한 진짜 교육열을 생각해 본다. 진짜 교육열은 문화적 특성을 바탕으로 꽃을 피울 것이라 믿는다.

저자 소개

✍ 이종각

1980년대 초반부터 교육학의 토착화를 주창하고, 한국의 사회문화적 경험이 반영된 한국화된 교육이론의 구성과 정책제안을 위해 노력하고 있으며 그 때의 목소리를 〈한국교육학의 논리와 운동〉에 정리하고 있다. 교육학에서 논쟁의 결여와 문제점, 그리고 주요 쟁점을 〈교육학논쟁〉에서 비판적으로 분석하고 있다. 저자는 한국형 교육경쟁과 교육열에 대한 보편적 설명체계를 구축하는 일에 고심하면서, 〈교육열 올바로 보기〉, 〈세계의 교육열 한국의 교육열〉을 저술했으며, 한국교육문화의 탐색을 위한 〈교육인류학탐색〉의 저자이기도 하다.

학사와 석사를 서울대 교육학과와 동 대학원에서 마쳤으며, 박사는 미국 피츠버그대학에서 취득했다. 학위논문은 〈Transnational Knowledge Transfer: The Case of ITM in Korea〉으로 국가간의 지식이동에 따른 학문적 식민성의 문제점과 대응방안을 다루고 있다. 강원대학교 교육학과 교수이며, 대학의 기획처장, 대통령자문교육혁신위원회의 선임위원, 교육사회학회 회장, 한국교육학회 부회장, 강원교육발전기획위원회 위원장 등을 역임하였다.

✍ 김주후

스스로 '잡종형 교육학자'임을 주장하며 교육학을 토대로 심리학, 의학, 간호학, 부동산학, 공학 등의 학자들과 학제간 연구를 해 오고 있다. 특히, 내용은 지극히 한국적이면서도 그 주제는 세계적으로 보편화할 수 있는 한국형 교육연구에 초점을 맞추고 있다. 실제로 국제 학술지 및 국제학술대회를 통해 50편이 넘는 논문을 출판했으며, 2010년 세계 3대 인명 사전인 Marquis Who's Who in the Word에 이름이 올랐고, 영국의 International Biographical Centre에서 선정한 2010년 최고 교육전문가 100인(TOP 100 Educators) 명단에 등재되었다. 학부는 한양대학교에서 무기재료공학을 전공했고 석사과정은 성균관대학교 아동학과에서 마쳤으며 미국 펜실베니아주립대학교 교육학과에서 박사학위를 했다. 그 후 미국 미조리대학교 교육학과 교수와 한국교육개발원 학교평가 연구실장을 역임했다. 현재 아주대학교 교육대학원 교수로 재직하면서 교육연구소 소장을 맡고 있다.

우리 교육의 미래
진짜 교육열로 승부하라

초판발행 2011년 10월 20일
재판발행 2011년 10월 25일

저 자 이종각 · 김주후
발행인 김현태
발행처 태영출판사

주 소 (152-705) 서울 구로구 구로동 104-10 동남오피스텔 201호
전 화 02 · 839-3757, 839-3752
팩 스 02 · 837-3754
등 록 2005년 5월 30일 제12-421호
http://www.taeyeongbook.co.kr
E-mail tys2005@paran.com
ISBN 978-89-6302-072-3 93370
정 가 10,000원

NAVER 태영출판사

* 잘못 만들어진 책은 교환해 드립니다.